AF315008

MEMOIRES

POUR SERVIR A

L'HISTOIRE

DE NOTRE TEMS,

PAR - RAPPORT A LA GUERRE
ANGLO - GALLICANE:

PAR

L'OBSERVATEUR HOLLANDOIS,

REDIGEZ ET AUGMENTEZ PAR M. D. V.

A FRANCFORT ET LEIPSIG,

AUX DEPENS DE LA COMPAGNIE

MDCCLVII.

MEMOIRES

POUR SERVIR A

L'HISTOIRE

DE NOTRE TEMS,

PAR - RAPPORT à LA GUERRE
ANGLO - GALLICANE.

(1.)

EPITRE DE L'OBSERVATEUR HOL-
LANDOIS à UN DE SES COMPATRIOTES.

QU'EXIGEZ-VOUS de moi, Mr. ? je sçais tous vos droits sur mon amitié. Je me rappelle avec plaisir ces liaisons formées par l'éducation, resserrées par la conformité des caractères, consacrées par l'estime & la confiance. Nous nous devons encore les mêmes sentimens. Nos cœurs ne sont point changés. Mais pensez-vous que fixé dans un pays éloigné de notre patrie commune, il me soit aisé de reprendre avec vous ce commerce de pensées & de réflexions, qui faisoit le charme de notre vie, lorsque dans votre petite maison de campagne de ** nous nous occupions de l'Etat, en veri-

A 2   rita-

ritables Patriotes, & raisonni[...] [...]oyens
de l'Univers sur l'intérêt des [...]. Je
m'en souvie[...] [av]ec une joie mê[...] [...]me[s]
nos dernieres conversations eure[nt...] objet
la derniere révolution de notre [...] je ne
vous cachai point le motif de [...]. Votre amitié s'en plaignit; [...]n l'ap-
prouva, votre courage [...]re accompagnée: mais il est des [...] le Sage
même ne peut briser. (.)

Tranquille à l'abri des loi[x...] inconnu de
mes nouveaux concitoyens, je porte souvent
des regards tendres sur ma chere Patrie. Mais
vous sçavez que j'ai renfermé dans mon cœur,
& l'intérêt & le zele qui m'attacheront toujours au pays qui m'a vû naître. J'ai sçu observer & me taire.

Pourquoi, mon cher ami, m'arrachez-vous,
je ne dis point à mon indifférence (elle n'entrera jamais dans le cœur d'un citoyen) mais
à cette tranquillité qui, sans exclure le zèle,
en supprime les expressions, dès qu'elles ne
peuvent être utiles à la patrie? Les nouveaux
événemens vous allarment, ils vous inquiet-
tent. Vous ne pouvez deviner, dites-vous, ni
les desseins, ni les ressorts secrets de la politique moderne. Vous craignez l'accomplisse-
ment de mes anciennes prédictions. Vous voulez que je vous fasse part de mes conjectures;
& tandis que vous dites, qu'au Siécle où nous
vivons, les Traités les plus solemnels se violent

sans

sans scrupule, vous me proposez d'en faire un nouveau en faveur de notre amitié.

La mienne ne peut vous rien refuser. Je n'ose prévoir jusqu'à quel point je m'engage. Les événemens, dont j'apperçois le germe, ne me donneront sans doute que trop de sujets de vous entretenir. Je livre à votre discretion & mes pensées & mes vûes, & jusques à mes opinions. Songez que si je suis en droit de parler librement à un ami & à un concitoyen, je ne suis point fait pour instruire les Nations. Ce n'est donc que pour vous & pour ceux de vos Amis qui pensent comme vous, que je veux composer le Tableau naïf de cette Guerre, commencée par des Voyes de fait établies sur le Droit de convenance.

Au reste ce n'est gueres sur les Ecrits particuliers que l'on peut juger des différends de l'une & de l'autre Nation. Il faut interroger les Traités, éxaminer les conventions, & juger les Nations, comme on juge les particuliers, sur leurs seules actions. Tôt ou tard les vûes se découvrent. L'injustice ne peut pas toujours se masquer.

Les Anglois, n'en doutez point, veulent envahir le commerce de toutes les autres nations. Le Canada, cette portion sterile du nouveau monde, & qui coûtant à ses possesseurs des dépenses énormes, ne leur rend que des Pelleteries qu'ils achetent beaucoup trop cher, n'est pas un objet capable de piquer l'am-

bition

bition de ce peuple, ou de tenter son intérêt. Quel peut donc être son but? *Accipe nunc Danaûm insidias.*

Ce pays ingrat est en quelque sorte le boulevard des Isles dont la France tire la richesse de son commerce. Voilà le grand objet de la cupidité de ses voisins. Que cette branche du commerce du Royaume de France soit coupée; que les Anglois tirent tout le produit de ce pays; les possessions des Hollandois ne tiendront pas long-tems contre eux, & ce n'est même que pour ruiner un jour votre commerce, qu'ils se ménagent depuis si long-tems un ascendant funeste sur votre gouvernement. Ils en tiennent en quelque façon les rênes, ils ont lié la Hollande, elle doit dans leur système les aider à dépouiller des voisins plus puissants. Mais son tour doit venir ensuite: tel est le plan que je crois appercevoir, & dont l'Europe entiere empêchera sans doute l'éxécution.

Suivant ce système, le Canada est nécessaire aux Anglois; mais la France a des titres qui lui en assurent la propriété. Il faut ou les respecter, ou se mettre à dos toutes les Nations. Les Anglois ont dit, Nous ne pouvons pas encore nous emparer de la maison, tâchons d'avoir un prétexte pour en assiéger les portes; établissons-y, s'il se peut, un corps de garde. Ce Roi des fleuves de l'Amérique, cette immense & belle riviere de S. Laurent, qui est

une

une des principales portes du nouveau monde, défendue par l'Isle de Terre·Neuve, & par celle d'Anticosti, remonte les vaisseaux de l'Europe jusqu'à Quebec, & leur livre le passage dans l'intérieur du pays. Quiconque sera le maître de ce fleuve, peut fermer l'entrée du Canada à toutes les Nations, & se regarder comme possesseur d'un pays dont la propriété ne peut être disputée à la France.

Le but des Anglois a donc toujours été de s'établir les souverains ou de se rendre de la riviere de S. Laurent. Il est nécessaire de dévoiler ici toutes les ressources que leur imagination leur a suggérées. Au côté droit du Fleuve est un vaste pays, qui arrosé par les rivieres de Kinibeki, de Pentagoet & de Saint Jean, se termine à la côte des Etchemins. Cette côte est séparée par la Baye Françoise d'une presqu'Isle considérable, sur la côte occidentale de laquelle est bâti le Fort de Port Royal, nommé *Annapolis* depuis le Traité d'Utrecht. L'autre côté de la presqu'Isle renferme le pays que l'on nommoit autrefois Acadie, & qu'il a été libre aux Anglois de nommer Nouvelle Ecosse.

Tout ce pays, qui en y comprenant la presqu'Isle, s'étend depuis la riviere S. Laurent jusqu'aux côtes de l'Acadie, appartenoit à la France avant le Traité d'Utrecht. Je ferai quelque jour l'analyse de ses titres. Les anciens Traités les reconnoissent & les supposent.

A 4

Par

Par l'Article XII. de celui d'Utrecht, la France céda à l'Angleterre à perpetuité *la nouvelle Ecoſſe, autrement dite Acadie en ſon entier, CONFORAIEMENT A SES ANCIENNES LIMITES; COMME AUSSI la ville de Port Royal, maintenant appellée Annapolis Royale, avec toutes leurs dépendances.*

Il ne faut pas un long commentaire pour établir, que par cet article, le Roi Très-Chrétien n'a pas entendu céder tout le pays qui s'étend depuis l'Acadie juſqu'à la riviere de S. Laurent. D'un côté c'eſt l'Acadie *ſuivant ſes anciennes limites,* qui eſt abandonnée aux Anglois, & je ferai voir dans une autre occaſion quelles ſont les anciennes bornes de la province d'Acadie. D'un autre côté, il eſt bien clair que la ville de Port Royal, quoique ſituée dans la preſqu'Isle, eſt regardée comme étant au-delà des limites de l'Acadie, puiſqu'on en fait une ceſſion expreſſe & ſeparée; *comme auſſi,* en Latin, *ut & Portûs Regii urbem.*

Vous le dirai-je, Mr.? Les Anglois, ſans aucun reſpect pour les conventions les plus ſacrées, & au mépris des termes formels des Traités, ſoutiennent que le Roi de France leur a cédé, non-ſeulement toute cette partie du Continent qui s'étend depuis le bord méridional du fleuve S. Laurent juſqu'au Cap Canſeau & au Cap de Sable; mais ils embraſſent encore dans leurs prétentions les Isles qui environnent ce Continent, à l'exception de

l'Isle

l'Isle Royale & des autres situées dans le Golphe S. Laurent.   Ils tirent une ligne (a) qui
commence à l'Isle de Sable, embrasse l'Isle
Royale sur laquelle cependant ils ne prétendent
rien, va gagner, en remontant au nord Ouest,
le Cap des Rosiers, se replie vers l'Ouest, &
suit tous les bords du Fleuve S. Laurent jusques vis-à-vis Quebec, descend perpendiculai-
rement au midi jusqu'à l'embouchure du Fleuve de Kinibeki, & prenant de là sa direction
vers l'Est, vient rejoindre l'Isle de Sable. Cet espace renferme un pays au moins six fois plus
étendu que l'Acadie ne l'a jamais été.

Tel est le systême des Anglois.   Ils ne par-
viendront jamais à le rendre même vraisemblable : je vous démontrerai un autre jour l'injustice de la prétention, & j'ose le dire, la
mauvaise foi des moyens qu'ils employent pour
l'appuyer.   Je ne veux aujourd'hui que vous
en donner une premiere idée.

Mais,   n'allez pas vous imaginer ici, que
les Anglois soient eux-mêmes intimement persuadés de leur droit, ni qu'ils se flattent d'en
convaincre l'Europe.   Je vous l'ai dit ; il ne
leur faut qu'un prétexte. Ils veulent à-tout-prix
fermer le Canada aux François.   Toute entreprise injuste ne peut s'exécuter que dans le
trouble.   La guerre est donc nécessaire à leurs
vues.   Que ce soit ou non l'intérêt de leur

A 5   Sou-

____

(a) Vous pouvez suivre cette ligne sur la Carte
de M. Belin, que je vous envoyai dès qu'elle parut.

Souverain, qu'elle puisse ruiner leurs Alliez & mettre l'Europe en feu, tout cela leur est égal. Ils veulent allumer l'incendie : l'Impératrice, ci-devant rivale du Roi de France dans la guerre, actuellement son Alliée, parviendra, si elle peut, à l'éteindre. Mais dût-elle voir son pays en proïe aux horreurs de la guerre, dans le tems que fidéle aux Traités, elle ne travaille qu'à rendre ses peuples heureux : qu'importe à ces fiers insulaires? Ils se croyent les maîtres des Mers ; l'Europe entiere ne doit travailler qu'à les enrichir.

Confiderez en effet quel a pû être ou le motif ou le prétexte de l'insulte qu'ils ont ôfé faire aux vaisseaux de la France : ils alléguent en vain que les hostilités ont recommencé en Amérique peu après le Traité d'Aix-la Chapelle. Avouer une infidélité, est-ce donc en faire l'apologie ? Les hostilités ont recommencé: mais qui a été l'aggresseur? Qui est-ce qui a entrepris sur les possessions des François? Qui est-ce qui a voulu changer l'état dans lequel les choses étoient restées lors de la paix? Ici, je retiens ma plume. Au récit de l'infidélité, je pourrois ajouter la peinture du forfait le plus contraire & à l'humanité & au droit des gens. Mais plus ce que m'a mandé un de nos Commerçans de la riviere d'Oyo est horrible, plus je crains de vous en faire part, avant d'avoir vérifié les faits par la recherche la plus fcrupuleuse. Quoi qu'il en soit, la patience du Gouvernement François fermoit les

yeux

yeux sur des infractions criminelles, & les cachoit pour ainsi dire au reste de la terre. L'Ambassadeur de France étoit à Londres. Les Commissaires des deux Couronnes travailloient en exécution du Traité d'Aix-la-Chapelle, à regler les bornes des possessions, & l'objet des restitutions stipulées. Les Anglois trouveront-ils dans ce Traité, que pendant que l'on s'occupoit à ce travail, ils eussent le droit d'attaquer les vaisseaux du Roi de France, & de livrer un combat sanglant?

L'Art. II. des Préliminaires stipule, que l'on se restituera de part & d'autre toutes les conquêtes qui ont été faites depuis le commencement de la guerre, tant en Europe qu'*aux Indes Orientales & Occidentales en l'état qu'elles font*. Des Puissances qui conviennent de se restituer mutuellement ce qui a été enlevé de part & d'autre, entendent-elles que l'on continuera d'entreprendre & d'usurper.

L'Art. 16. des mêmes Préliminaires s'exprime en ces termes: »*La cessation des hostilités* » *entre toutes les Parties belligerantes* aura lieu » par terre dans six semaines à compter du jour » de la signature des présens articles préliminai- » res, *& par mer on suivra les termes ou espa-* » *ces de tems portés dans l'acte de suspension d'ar-* » *mes entre la France & l'Angleterre*, signé » *à Paris le* 19. *Août* 1712. Or par le Traité du 19. Août 1712, ce terme étoit de *six semaines pour le Canal de la Manche, les Mers Bri-*

Britanniques, les Mers du Nord jusqu'au Cap St. Vincent, & toutes les Mers depuis & au-delà de ce Cap, jusqu'à la Ligne, & de 6. mois au-de là de la Ligne & dans tous les autres endroits du monde, sans aucune exception, ni autre distinction plus particuliere de tems & de lieu.

L'Art. 1. du traité du 18. Octobre 1748, qui suivit ces préliminaires, porte ", qu'il y au-
" ra une paix Chrétienne *universelle & perpe-*
" *tuelle, tant par mer que par terre* entre les
" huit Puissances contractantes .... sans per-
" mettre que de part ni d'autre on commette
" aucunes sortes d'hostilités *pour quelque cause*
" *& sous quelque prétexte que ce puisse être.*

Par l'Article cinq " toutes les conquêtes
" qui ont été faites depuis le commencement
" de la guerre, ou qui depuis la conclusion
" des Articles préliminaires, signés le 30. du
" mois d'Avril 1748, peuvent avoir été ou
" être faites, soit en Europe, soit aux In-
" des Orientales & Occidentales, ou en quelque
" partie du monde que ce soit, devant être resti-
" tuées sans exception, conformément à ce qui
" a été stipulé par lesdits Articles préliminai-
" res, les huit parties s'engagent à faire inces-
" samment procéder à cette restitution, &c.
Il est stipulé par l'Art. 11, qu'il sera nommé des Commissaires pour procéder à ces restitutions, & que *soit dans les Indes Occidentales,* soit dans les Indes Orientales, toutes choses
feront

feront remiſes ſur le pied qu'elles étoient ou devoient être avant la guerre.

Quel eſt le Juriſconſulte Anglois, quel eſt le Politique raiſonnable; en un mot l'homme juſte, & religieux, qui oſera ſoutenir qu'après un Traité auſſi clair & auſſi ſolemnel, il fût permis de continuer ou de renouveller en Amérique les hoſtilités, qui ſuivant la convention ont dû y ceſſer le 11. Juin 1748.? Les Commiſſaires des deux Nations ſe ſont reſpectivement communiqué leurs Mémoires. Mrs. de la Galliſſonière & de Silhouette pour la France, Mrs. Shirley & Mildmay pour la Grande-Bretagne, ont diſcuté les intérêts dont ils étoient chargés; & travaillé à fixer l'état où devoient être les choſes avant la guerre. Il eſt vrai qu'ils ne ſe ſont point trouvés d'accord. Ces prétentions exorbitantes dont je vous ai parlé ci-devant, ont été développées & ſoutenues; on a été juſqu'à changer & alterer les termes des Traités pour y trouver des droits chimériques, qu'ils avoient au contraire proſcrits.

A tous ces efforts les Commiſſaires de la France ont oppoſé des raiſons ſolides, des conventions ſacrées & des titres ſolemnels; mais enfin les Négociations ſubſiſtoient. On écrivoit de part & d'autre, lorſque le Canon des Anglois a retenti de l'embouchure du fleuve S. Laurent juſqu'aux entrêmités de l'Europe; & l'Amiral Boskawen qui n'a point encore été déſavoué ni puni, a ſemblé annoncer à toute

la

la terre, que le droit du plus fort seroit la
derniere raison du ministère Anglois.

A qui attribuerez-vous desormais, & les
malheurs de la guerre qui trouble l'Europe,
& l'interruption du Commerce qui en est une
suite ?   Je ne suis ni partisan de l'une des
Puissances Belligerantes ni ennemi de l'autre;
mais la Justice, cette souveraine des Rois, ne
soumet-elle pas tous les hommes à son Empire, & croit-on qu'il y ait de Nation à Nation d'autres loix que celles qui reglent les droits
des simples citoyens?

Les réfléxions sur la position de notre Patrie se présentent en foule à mon esprit. Trou-
vez-vous dans tous les cœurs cette sécurité qui
est un effet de la confiance? Personne ne pré-
voit-il quel peut être par · rapport à nous le
sort de la Guerre? Les Gazettes sont stériles en
raisonnemens politiques, elles se taisent sur les
conjectures, & ne rapportent que des faits;
mais dites-moi, Mr., quel est l'ennemi des Anglois qui a fait mettre dans la Gazette d'Amsterdam cette indigne proclamation du Gouverneur de Boston, qui met à * *deux cens livres*
la tête de chaque Indien pris ou tué par les
Anglois, & qui invite le Peuple à aller à la
chasse de ces malheureux? Est-ce un homme
qui a dicté cet ordre sanguinaire? Et M. Shirley

* Feuille LXV. du 15. Août 1755. cette proclamation de M. Shirley est du 28. Juin 1756.

ley regarde - t - il donc comme des troupeaux de bêtes fauves ces Peuples qu'il lui plaît de proscrire? Sont - ils sujets de l'Angleterre? les loix doivent les punir. Est - ce une Nation qui se gouverne elle - même? M. Shirley l'annonce dans sa proclamation, puisqu'il exhorte les habitans à pénétrer *dans les Païs des Indiens*. Mais dans ce cas-là, est - ce ainsi que les Généraux Anglois font la guerre? Et quel est, après tout, le crime de ces anciens enfans de la terre, qui pour leur malheur ont vû se former dans leur voisinage des Colonies Angloises? Ils aiment mieux commercer avec les François qu'avec elles, & de tous les Sauvages de l'Europe ils trouvent que les Anglois sont les plus difficiles à apprivoiser.

Si, comme il pourroit bien être, ces Peuples raisonnent; jugez si la proclamation du Capitaine général Anglois leur fera changer de sentiment. Je vous développerai dans la suite des idées dont je n'ai fait que vous donner une première esquisse.

J'ai l'honneur d'être, Monsieur, &c.

BONS LIVRES D'HISTOIRE.

Hiſtoire D'ANGLETERRE, par Mr. de *Rapin Thoyras*; dix Volumes *in Quarto*, qui renferment tout ce que ce celebre Auteur en a fait. *La belle Edition originale* de la HAYE. Prix ƒ 50. 0. 0: *ſe donne actuellement pour* 7. *Ducats.*

Hiſtoire des Revolutions D'ANGLETERRE, par le *P. d'Orleans*, étant en Abregé l'Hiſtoire generale ſuſdite 3. Parties, en un Volume. 4to. ƒ 6. 0 - 0

Hiſtoire D'ANGLETERRE, depuis le commencement des Troubles qui mirent *Cromwel* à la tête de la Nation juſques l'expulſion de *Jaques II.* & l'avénement de *Guillaume III. Prince d'Orange* au Trône de la Grande Bretagne; par Mr. de *Rapin Thoyras*, *deux Vollumes in Quarto: ou Tom.* 9. *&* 10. de l'Ouvrage de cet Auteur. Prix par Tome ƒ 6. - 0: a préſent ƒ 4½. 0

Hiſtoire D'ANGLETERRE, depuis la Paix d'Utrecht, & les évenements remarquables arrivés en Europe depuis ce Traité; avec les Tables Généalogiques & les Portraits de tous les Rois d'Angleterre, gravés en taille douce, la Carte des trois Royaumes, & celle des poſſeſſions Angloiſes en Europe, Afrique, & Amérique. *in Quarto* - 1755. ƒ 6 - 0

L'Hiſtoire des REVOLUTIONS D'ESPAGNE, par le *P. d'Orleans* quatre *Voll. Octavo.* renfermants tout l'Ouvrage complet. Prix ƒ 5-0-0: ſe donne actuellement à ƒ 3 ½. - 0

MEMOIRES
POUR SERVIR A
L'HISTOIRE
DE NOTRE TEMS,
PAR-RAPPORT A LA GUERRE ANGLO-GALLICANE.

(2.)

PREMIERES HOSTILITEZ DES ANGLOIS. ORIGINE DE LA PRESENTE GUERRE.

On convient que rien n'est plus intéressant que de suivre les démarches des Ministres de la Cour Brittanique & de pénétrer leurs vûes? mais on a peine à se persuader qu'elles embrassent un plan aussi injuste, qu'il l'est en effet. D'ailleurs laissant aux Négociateurs politiques le soin de faire valoir ou de refuter les demandes respectives des deux Nations, nous ne voulons haïr, dit-on, que celle qui la premiere aura troublé, par des actes d'hostilité, la bonne harmonie que les Traités avoient rétablie. Bien des gens assurent que le canon de l'Amiral Boskawen n'est pas le premier qui ait annoncé une rupture pro-

B

prochaine.   On veut en un mot que j'examine avec impartialité, qui du François ou de l'Anglois est aujourd'hui l'agresseur.

Je quitte donc l'Acadie dont je comptois tracer les anciennes limites.   Qu'on me suive sur les bords de la Belle-riviere.   C'est là qu'ont commencé les premiers différens entre la France & l'Angleterre ;   c'est là que le premier sang a été versé.   Voïons qui l'a répandu. Je ne veux présenter que des faits.

L'Oyo, que l'on nomme autrement la Belle-riviere, prend sa source dans le voisinage du lac Erié.   Grossi dans son cours par plusieurs rivieres, il arrose en serpentant des pays habités par différentes Nations Sauvages,   qui depuis que les François les connoissent,   se sont toujours regardées comme leurs alliées.   Il rencontre ensuite la riviere Ouabache ou de S. Jerôme, qui y perd son nom, & à l'embouchure de laquelle les François possédent le Fort Ste. Anne.   Devenu plus large il roule ses eaux avec majesté jusques au fleuve Missisipi, dans lequel il va se précipiter.   Cette direction suffit pour faire appercevoir qu'il est la communication la plus courte & la plus naturelle du Canada à la Louisiane.   En effet, si les vaisseaux François qui entrent dans le fleuve St. Laurent s'arrêtent à Quebec, la navigation continue sur des barques jusqu'à Montreal, & de-là au lac Ontario.   Celui-ci communique au lac Erié par un détroit sur lequel les François possédent depuis très-long-tems le Fort *Niagara.*   Du lac Erié

Erié un portage très - court conduit à la Belle-
riviere, par laquelle les deux Colonies Françoifes femblent fe donner la main.

Il étoit naturel que les François connuffent
les premiers, les avantages que pouvoit procurer
à leur commerce la poffeffion des bords de cette riviere. Le fieur de la Salle, gentilhomme
Normand, les découvrit en 1679. Ce fut lui
qui jetta les premiers fondemens de la Colonie
de la Louifiane, & depuis ce tems là l'Oyo n'a
été connu & fréquenté que par les François.
En 1712 Louis XIV. donna à M. Crofat des
lettres-patentes pour l'établiffement de la Louifiane. Elles comprennent parmi les dépendances de cette Colonie la riviere Ouabache qui fe
jette dans l'Oyo, & en général toutes les rivieres qui viennent fe réunir au fleuve de Miffiffipi:
d'où il fuit que la Belle-riviere fut alors regardée comme appartenante aux François.

Je fuis bien éloigné du fyftême des Anglois, qui croient avoir des droits inconteftables
fur un pays, lorfqu'ils peuvent trouver une
charte d'un de leurs Rois, qui le donne à quelqu'un de leur Nation. Il eft fâcheux pour leurs
politiques d'aujourd'hui, que le Roi Jacques
ou la Reine Anne ne fe foient pas avifés de
donner tout d'un coup toute l'Amérique à quelque Lord Anglois. Cependant il faut convenir,
que lorfqu'un Souverain établit par des lettres-
patentes un Gouverneur dans une contrée dont
fes Sujets jouiffent fans réclamation, les Lettres
du Prince doivent au moins alors être re-

gardées comme un monument de poffeffion.
Or, non - feulement les Anglois ne reclamerent
point contre la conceffion de 1712; le Traité d'Utrecht fe conclut l'année fuivante, fans
que les Miniftres de la Grande - Bretagne fon-
geaffent feulement à former fur les bords de
l'Oyo aucune prétention.   Bornés dans leurs
Colonies par les montagnes des Apalaches, ils
ne fe font jamais avifés de franchir ces rem-
parts inacceffibles, par lefquels la nature fembloit avoir pris foin de leur fermer l'intérieur
du pays.

Les François continuerent donc de faire
feuls le commerce de la Belle - riviere.   Leur
poffeffion étoit paifible, nul établiffement étranger ne pouvoit leur fermer le chemin du Canada au Miffiffipi.   Tant que les Anglois n'ont
confulté que leur avantage, il ne leur eft pas
venu dans l'efprit de s'établir au - delà de leurs
montagnes.   Ils n'y ont fongé que lorfqu'ils ont
envifagé plûtôt le mal d'autrui, que leur propre intérêt.

Ce fut en 1727. que quelques - uns d'eux
vinrent bâtir fur les bords du Lac Ontario &
à l'embouchure de la riviere d'Ouaghen, un
petit Fort, auquel ils ont donné le nom d'Ofwego. M. de Beauharnois étoit alors Gouverneur du Canada. Il envoya M. Begon Major
de Quebec, fommer le Commandant de ce
petit Fort de l'évacuer, & de fe retirer fur les
terres de l'Angleterre. Cette fommation, qui
eft du premier Août 1727, demeura inutile,

&

& le Commandant de ce Fort ne voulut ni se retirer, ni signer son refus. Depuis ce temslà les François n'ont pas cessé de protester contre cette invasion; mais les Anglois ne cédent point à des sommations, & les protestations réitérées sont toujours sans effet. Des ménagemens pacifiques ont empêché les Gouverneurs du Canada d'employer la force.

Cette premiere entreprise des Anglois, quelque dangereuse qu'elle fût, puisqu'elle leur ouvroit pour ainsi dire une porte de derriere sur le Fleuve Saint Laurent, n'eut pas alors beaucoup de suite. Les François demeurerent possesseurs de l'Oyo, & ils en étoient tellement les maîtres en 1739, qu'une guerre de Chicaches, peuples voisins de la Louisiane, ajant obligé le Gouverneur de Canada d'envoyer des secours dans ce pays; un détachement François vint de la nouvelle France au Mississipi, en descendant la Belle-riviere, & traversa tout le pays en corps d'Armée, sans que les Anglois formassent aucunes plaintes. Ce silence de leur part prouve plus que les titres les plus authentiques, qu'ils n'avoient encore aucune prétention sur ce pays. Si l'Oyo eût fait partie de leurs Colonies, auroient-ils permis à une Armée étrangere de le descendre dans tout son cours? Ne se seroient-ils pas plaint? N'auroient-ils pas fait des représentations? Quel est le Souverain qui laisse ainsi traverser son pays par un corps de troupes, qui n'a pas

B 3

même

même daigné lui demander la liberté du paſſage ?

Ce n'eſt que pendant la derniere guerre
que quelques Traiteurs Anglois commencerent
à faire la contrebande ſur les bords de cette
riviere. Quelques-uns d'eux voulurent continuer, depuis la paix; mais perſuadés eux-mêmes que le pays n'appartenoit point à leur
Nation, ils ſe cachoient avec ſoin. Etoient-
ils découverts ? leurs marchandiſes étoient
confiſquées; & s'ils revenoient enſuite, on ne
manquoit pas de les arrêter. Pluſieurs d'entr'eux ont été envoyés priſonniers à la Rochel-
le, & Milord Albermale, qui étoit alors Ambaſſadeur en France, loin de regarder ce traite-
ment comme une injure faite à la nation Angloiſe, ſe borna ſimplement à demander leur
liberté, comme une grace que le Miniſtère
François voulut bien lui accorder.

Les Francois pendant ce tems-là continuoi-
ent de jouir de tout le cours de cette riviere.
M. le Comte de la Galiſſoniere le fit viſiter dans
toute ſon étendue en 1749. On ne trouva aucun établiſſement Anglois. M. de la Jonquiere
qui lui ſuccéda en 1750. dans le Gouvernement
du Canada, eut la même attention que ſon pré-
déceſſeur. Tout le cours de l'Oyo fut viſité
de nouveau en 1750 & 1751, & il demeura
pour conſtant, que ſi les Anglois avoient
alors des projets d'établiſſement ſur cette riviere, du moins ils n'en avoient encore éxécuté
aucun.

Ainſi,

Ainſi, je ne crains point d'être contredit ſur deux faits également prouvés, l'un qu'avant 1753. les Anglois n'avoient jamais formé aucune entrepriſe ſur l'Oyo; l'autre que les François étoient ſeuls en poſſeſſion de cette riviere & de ſes bords.

De-là il me ſemble que l'on peut tirer une conſéquence aſſez juſte: c'eſt que, quand même les Anglois auroient crû acquerir quelques prétentions ſur ce païs, elles pouvoient devenir la matière d'une négociation, mais jamais le motif d'une invaſion à main Armée. Les François leur donnoient à cet égard un grand exemple de modération, puiſqu'ils laiſſoient ſubſiſter le Fort d'*Oſwego*, quoique viſiblement bâti ſur le terrain; & en effet le ſoin de fixer les bornes de chaque Colonie étant confié aux Commiſſaires des deux Nations, chacune devoit en attendant demeurer dans ſa poſſeſſion, ſans entreprendre ſur celle de ſes voiſins.

Mais l'Angleterre ſentit bientôt que de raiſons à raiſons les armes n'étoient pas égales entre elle & la France. Les Commiſſaires de la Grande-Bretagne accablés par des titres, en étoient réduits aux ſubtilités les plus frivoles & à des allégations que toute l'Europe eût dementies, ſi elles euſſent été publiques. La rupture devenoit néceſſaire; il ne s'agiſſoit plus que d'en faire naître l'occaſion: mais qu'il ſe préſentât un prétexte ou non, l'invaſion fut réſolue.

Pour y préparer les voies, les Anglois eſſayerent d'abord de faire révolter les Sauvages,

ſujets

fujets & alliés de la France.   Quelque fecretes que fuffent les négociations, M. du Quefne, qui en 1752. avoit fuccédé à M. de la Jon-quiere, étoit informé de tout. Il fçut que les préfens & les promeffes commençoient à faire impreffion fur l'efprit de ces Peuples ; qu'armés par les Anglois, plufieurs s'étoient déja attrou-pés, & menaçoient la tranquillité du pays.

M. du Quefne ne s'avifa point de mettre leur tête à prix. Il fe contenta de faire marcher en 1753. un détachement, qui commandé par M. de St. Pierre, s'avança jufqu'à la riviere aux Bœufs & y paffa l'hiver.

S'il étoit trifte pour les Anglois de perdre l'efpérance de voir révolter les Sauvages, il ne l'étoit pas moins de ne pouvoir imputer au Gouverneur François aucune hoftilité. Il avoit été libre à celui-ci de faire avancer un déta-chement fur fon propre terrain, & d'éclairer la conduite des Sauvages, dont le foulevement eût favorifé une invafion méditée depuis long-tems.

Les Anglois alors fçurent fe paffer de pré-textes. Ils entreprirent enfin de former à force ouverte un établiffement fur la Belle-riviere. Ils pafferent leurs montagnes & marcherent en corps d'armée fur les terres du Domaine de la France.   Un détachement de 600. hommes formoit leur avant-garde, & traînoit avec lui plufieurs piéces de canon, deftinées à fou-tenir l'entreprife & à chaffer les François.

Au commencement de 1754. M. de Con-trecœur prit à la place de M. de St. Pierre le

com-

commandement des Troupes Françoises qui étoient sur la Belle-riviere. Il apprit bientôt. que les Anglois s'étoient avancés jusqu'à celle de Malenguélé, & qu'ils se fortifioient. Une entreprise de cette nature ne pouvoit être regardée comme une simple infraction aux loix du Commerce. Cependant M. de Contrecœur feignit d'ignorer les desseins des Anglois. Il se contenta d'envoyer à leur Commandant un Officier distingué par sa place & par son mérite, avec une Lettre dattée du 16. Avril. M. de Contrecœur faisoit sentir au Commendant Anglois combien sa conduite étoit contraire au traité d'Aix-la-Chapelle; il le sommoit de se retirer de dessus les terres soumises à la domination Françoise; il l'avertissoit enfin, que si la tentative des Anglois n'avoit pour but que le commerce, il seroit forcé de faire confisquer leurs marchandises, & que si au contraire ils vouloient former un établissement solide dans un pays qui ne leur appartenoit point, le devoir de sa place l'obligeoit de s'y opposer. Au reste, M. de Contrecœur assuroit le Commandant Anglois, qu'il ne seroit fait à ses troupes aucun tort dans leur retraite, & que les François se feroient toujours un devoir de respecter les traités qui lioient les deux Puissances.

Cette sommation, à laquelle les Anglois feignirent d'abord de satisfaire, ne fit que hâter la construction du Fort qu'ils avoient commencé un peu plus loin. Il étoit à quelque distance de la riviere de Malenguélé, & sur la petite ri-

B 5   viere

viere qui s'y jette. On ne sait à quel propos ils le nommerent le fort *de la nécessité*.

Le 23. Mai suivant, M. de Contrecœur, qui ignoroit une partie de ce qui s'étoit passé, envoya M. de Jumonville avec une escorte de trente hommes: il lui donna ordre de découvrir si les Anglois paroissoient encore, & de notifier à leur Commandant, s'il les rencontroit, une seconde sommation de se retirer. Il l'avertissoit pour la derniere fois, que s'il refusoit de déférer à des invitations qui ne tendoient qu'à maintenir la paix, les hostilités ne pourroient désormais être imputées qu'aux Anglois. Au reste il prioit, quel que fût son projet, d'avoir pour M. de Jumonville tous les égards que méritoit son caractère, *& de le lui renvoyer sur le champ* pour l'informer des intentions du gouvernement Anglois.

Qu'on juge de l'embarras dans lequel se trouvoit alors M. de Contrecœur: chargé par des ordres exprès de maintenir l'union, il se voyoit presqu'obligé, en repoussant par la force une entreprise aussi contraire aux Traités, de donner aux Anglois une occasion de l'accuser lui-même.

Cet embarras ne dura pas long-tems; ils n'attendirent pas qu'ils fussent repoussés. Qui savoit si M. de Contrecœur n'auroit point encore des ménagemens contraires à leurs vûes? Il falloit forcer la modération Françoise, & il faut avouer qu'ils ont pris pour cela un moyen capable de soulever tous les Peuples.

Que

Que ne puis-je pour l'honneur de la Nation Angloise, couvrir d'une voile épais ce qui me reste à raconter! mais on exige des faits, & je me dois à la verité. Oui, le premier acte d'hostilité de la part des Anglois a été un forfait contraire au droit des gens, & le premier meurtre a été un assassinat.

M. de Jumonville s'avance avec son escorte. Il ne reçoit de la part des Sauvages que des marques de respect & d'affection; mais bientôt il se trouve environné d'Anglois: ceux-ci ne s'annoncent que par un feu terrible qu'ils font de tous côtés sur sa petite troupe. Il fait signe de la main au Commàndant. Il montre ses dépêches, il demande à être entendu; le feu cesse, les Anglois l'entourent: il annonce son caractère qui doit lui servir de sauve-garde, & lit la sommation dont il est porteur. Imagineroit-on bien, la réponse qui est faite à un Officier François, envoyé à une Nation qui n'est point en guerre avec la France ? M. de Jumonville n'est encore qu'à la moitié de sa lecture; il est assassiné par les Anglois, & tombe dans son sang. Les Sauvages indignés se jettent en vain entre lui & les ennemis; le feu recommence, huit hommes de l'escorte Françoise sont tués sur la place. Le reste forcé de se rendre, est fait prisonnier. Un seul Canadien se sauve, seme sur le chemin l'horreur dans les cabanes de ses Compatriotes, & vient annoncer à M. de Contrecœur cette funeste nouvelle.

Tel

Tel a été, en effet, le prélude des hostilités dont nous voyons aujourd'hui les suites. Pouvoit-on exiger de M. de Contrecœur qu'il laissât les Anglois jouir tranquillemnt de cet indigne triomphe, & arborer dans un Fort bâti sur les terres de France, l'étendart de la Grande-Bretagne teint du sang d'un Envoyé François? Ce Fort étoit lui-même une infraction aux traités. Dejà les Anglois fiers de leur victoire en élevoient d'autres. Leurs troupes grossissoient à vûe d'œil, & les prisonniers François envoyés à Boston, invoquoient envain le Droit des gens & les maximes les plus inviolables du Droit naturel.

Si les Anglois n'eussent pas été déterminés à une rupture ouverte, n'auroient-ils pas commencé par les renvoyer? Quelle déclaration de guerre en effet les autorisoit à retenir des gens qu'ils ne pouvoient regarder comme leurs ennemis? M. de Contrecœur se crut obligé de les réclamer & de chasser enfin de dessus les terres du Roi son Maître, des troupes qui n'y paroissoient que pour se signaler par de tels excès. Il envoye rendre compte à M. le Gouverneur de tout ce qui s'étoit passé; celui-ci donne ses ordres & confie à la prudence de M. de Contrecœur une vangeance aussi juste que nécessaire. Les Sauvages viennent en foule lui offrir leurs services. Les *Goyoguoins* & les *Tsannontouans*, nations très-peu philosophe, pensent sur l'humanité & sur la justice à peu près ce que nous pensons en Europe: & malgré la
diffé-

différence des mœurs & de l'éducation, ce que nous appellons *férocité & barbarie*, ils ne le nomment point *courage & grandeur d'ame*. Tous veulent punir les affaffins de leurs Bienfaicteurs. Il ne s'agit plus que de moderer leur zele & de prendre des mefures pour que la jufte vangeance d'un attentat ne devienne point une guerre fanglante.

Pendant que l'on délibéroit ainfi fur les bords de l'Oyo fur les moyens d'épargner le fang, tous les Gouverneurs de la nouvelle York affemblés à Orange, tenoient confeil pour déterminer au carnage les Nations voifines des François. On avoit mandé à cette affemblée les chefs des cinq Nations Iroquoifes. Là on leur vante la victoire remportée fur M. de Jumonville. On exhorte les Sauvages à achever une entreprife commencée fous de fi heureux aufpices. On comble leurs chefs de préfens, on les invite à piller & à exterminer. Enfin on leur préfente la hache (*a*). A cette exhortation énergique je ne dirai point fans doute mot à mot ce que répondit l'Orateur Iroquois: ce qu'il y a de fûr, c'eft que les préfens ne furent point refufés. Pour la hache, fi elle

fut

(*a*) Les harangues font courtes chez les Iroquois; un gefte y tient lieu fouvent des phrafes les plus pathétiques, d'un difcours de Général Romain dans T. Live. Veulent-ils exhorter quelqu'un à la vangeance: ils lui préfentent une hache: ils levent fur leur tête celle qu'ils tiennent de l'autre main. Les Européens qui ont appris leur langue, ne négligent point ces geftes expreffifs.

fut acceptée, ce fut dans le deſſein de ne s'en
ſervir que ſuivant les circonſtances : car presqu'auſſi-tôt après l'avantage remporté par les
François, & dont il me reſte à parler, les
Iroquois, plus ſages que les Anglois ne l'avoient imaginé, envoyerent à Montreal prier M.
le Marquis du Quêne, de vouloir bien avoir pitié d'eux, & de ne pas les confondre avec les Anglois, qui ſeuls avoient la guerre.

Ce fameux Conſeil d'Orange étoit encore
aſſemblé lorſque le détachement envoyé par M.
de Contrecœur pour repouſſer les Anglois, partit du fort du Quêne. Il étoit commandé par
M. de Villiers, frere de M. de Jumonville. Cet
Officier, qui eût pû ſans injuſtice vouer aux Anglois une haine implacable, avoit moins pour
but de punir les meurtriers de ſon frere, que
de vanger l'inſulte faite à la France. Ses ordres arrêtés dans un Conſeil tenu le 27 Juin 1754.,
portoient expreſſement, que ſi-tôt que les Aſſaſ-
ſins auroient été chaſſés de leur poſte, on enver-
roit ſommer le Commandant du Fort le plus voiſin, de ſe retirer de-deſſus les terres du Domaine de la France, & que s'il y conſentoit, toutes
violences ceſſeroient ſur le champ, & les Anglois
feroient déſormais regardés comme amis.

M. de Villiers embarque ſon détachement
ſur la riviere de Malenguélé, & ſe fait conduire
par des Sauvages. Il arrive le 3. Juillet au lieu
teint du ſang de ſon frere. Les corps des François y étoient encore. Ce ſpectacle reveille le
courroux du ſoldat. Déja on apperçoit le Fort

des

des Anglois. Ceux-ci s'étoient mis en embuſcade à quelque diſtance ; ils font une furieuſe décharge ſur les François. Mais bientôt ils ſont obligés de rentrer dans leur Fort, qui auſſi-tôt eſt inveſti & attaqué. Le feu dura depuis cinq heures juſqu'à huit. La Garniſon Angloiſe étoit aux abois, lorſque ſur les huit heures du ſoir M. de Villiers fait crier aux Aſſiégés, que s'ils vouloient parler, il feroit ſur le champ ceſſer le feu. La propoſition eſt acceptée. Un Capitaine Anglois ſort de la Place & vient pour capituler. M. de Villiers lui repréſente l'horreur de l'aſſaſſinat, qu'il ne tient qu'aux François de punir en livrant la Garniſon au reſſentiment des Sauvages. Il ajoute, qu'il veut donner aux Anglois un exemple de modération, & une preuve du deſir ſincere qu'avoit M. le Gouverneur d'entretenir la paix entre les deux Nations. Il ne veut point faire de priſonniers, parce qu'il ne croit point faire la guerre ; il demande ſimplement, que l'on rende ceux qui accompagnoient M. de Jumonville, & que l'on évacue le Fort.

Des propoſitions ſi juſtes ne ſont pas même conteſtées. La Capitulation eſt ſignée ſur le champ, & on l'a ſans doute lûe dans la Gazette de Londres du 12. Septembre 1754. Rappellons-en ici ſur-tout le préambule. Il porte expreſſément, & cette reconnoiſſance eſt précieuſe, que l'intention des François n'a jamais été de troubler la paix qui regne entre les deux Souverains, mais de vanger l'aſſaſſinat d'un Officier porteur d'une Sommation, & d'empêcher

tout

tout établissement étranger sur les terres de la France.

C'est, donc, à cette Capitulation du 3. Juillet que le Major Washington & sept ou huit cens Anglois doivent la vie. Il leur fut permis de sortir du Fort avec les honneurs de la guerre & une piéce de Canon. Les François se rendoient en quelque façon leurs gardiens & leurs défenseurs, en leur promettant d'empêcher qu'il ne leur fût fait aucun mal par les Sauvages. On leur permettoit même de laisser les effets qu'ils ne pourroient enlever, faute de chevaux, & de venir ensuite les reprendre. Enfin, tout ce que l'on éxigea d'eux fut une promesse authentique de se retirer de dessus les terres de la France, & de renvoyer au Fort du Quêne, les prisonniers de l'escorte de M. de Jumonville, qui avoient été envoyés à Boston.

Les François tinrent leurs engagemens avec la plus scrupuleuse exactitude. Un Sauvage prit dans la nuit dix Anglois, que M. de Villiers envoya sur le champ au Major Washington. On se contenta de détruire le Fort & de rétablir, les choses dans l'état où elles étoient avant l'invasion.

Les Anglois ont-ils également tenu leur parole, & la Capitulation a-t-elle été observée de leur part? J'ai vû à Paris quelques-uns de ces malheureux prisonniers de Boston, & c'est d'eux que je tiens la plûpart des details que je donne ici. Le Gouverneur de la Virginie refusa constamment de les renvoyer au Fort du Quêne. Pour se mettre même dans l'impossibilité de satisfaire à cet article de la Capitulation, il les a fait partir deux à deux pour l'Angleterre. Plusieurs d'entr'eux sont arrivés à Bristol, après avoir essuyé les traitemens les plus indignes. Forcés de faire le voyage de Bristol à Londres à pied & sans argent, ils sont venus implorer le secours de M. le Duc de Mirepoix, qui les a fait repasser en France.   (3)

MEMOIRES
POUR SERVIR A
L'HISTOIRE
DE NOTRE TEMS.
PAR-RAPPORT A LA GUERRE
ANGLO GALLICANE.

(3.)

CAMPAGNES DE Mr. SHIRLEY EN AMERIQUE. OBSERVATIONS SUR LE DROIT DE GUERRE.

JE conviens que plus les faits font odieux, plus il feroit injufte d'attribuer à toute une Nation ce qui peut n'être que le crime de quelques particuliers. Ami de l'humanité, que ne puis-je trouver les hommes meilleurs qu'ils ne paroiffent ! Je ne cherche point à multiplier les coupables, & fi en parlant des Anglois j'ai dit déja, *Accipe nunc Danaûm infidias*, je n'ai eu garde d'ajouter, *& crimine ab uno disce omnes*.

Mais fans vouloir être ici l'accufateur de la Nation Angloife, ne puis-je pas repréfenter que l'affaffinat de M. Jumonville, les entreprifes qui l'ont précédé, & les hoftilités qui l'ont fuivi, étoient de nature à exiger que le miniftère Anglois daignât au moins fe juftifier aux yeux de toute l'Europe, & que malheureufement il paroît bien éloigné jufqu'à préfent de prendre ce parti ? Je voudrois de tout mon cœur, qu'il n'y eût ici d'infracteur des traités, que le Ma-

C

jor

jor Wafington ; mais comment féparer du refte de la Nation un Officier dont le crime, lié lui-même avec un plan d'invafion, loin d'être défavoué par le Gouvernement Anglois, paroît au-contraire n'avoir été que le fignal d'une fuite d'hoftilités de toute efpece ?

Qu'on fe rappelle cinq faits également prouvés ; 1. Les Anglois font entrés en force dans un pays poffedé par les François. 2. Ils y ont formé des établiffemens à main armée. 3. Le meurtre de l'Envoyé François, loin d'être puni fur le champ par le Commandant du détachement Anglois, a été fuivi du carnage d'une partie de l'efcorte. 4. Les Anglois fe font crus en droit de faire prifonniers ceux qu'ils n'avoient point affaffinés. 5. Enfin ces mêmes prifonniers qu'ils ont promis depuis de renvoyer au Fort du Quêne, ils les ont retenus au mépris d'une capitulation, qui auroit dû être facrée, quand les François auroient été leurs ennemis.

Comment veut-on après cela, que tous les peuples de l'Europe ne foient pas forcés d'imputer au Gouvernement Anglois des mouvemens, qui produits par la réunion de plufieurs forces indépendantes l'une de l'autre, fuppofent néceffairement l'impulfion d'une force unique, qui ne peut être qu'à Londres ? Car enfin, il eft prouvé par le Journal même du Major Wafington, que toutes les Provinces de la nouvelle Angleterre ont fourni leur contingent pour fon détachement, foit en hommes, foit en argent. Or, on le fçait indubitablement, nulle dé-

pen-

pendance mutuelle ne lie entre eux les Gouvernemens de ces différentes Provinces. Ils ne reconnoiffent en Amérique aucun Chef général, & reçoivent immédiatement des Miniftres Anglois les ordres, qui feuls peuvent les autorifer à lever des troupes. En ont-ils reçus ? Eft-ce en vertu de ces ordres qu'ils ont agi ? Dès-là l'invafion étoit méditée. La guerre étoit refolue, & le Miniftère Anglois, las d'une négociation dans laquelle la raifon & les titres ont trop d'empire, a voulu s'emparer par la force, de ce qu'il ne fe flattoit pas d'obtenir par juftice. Les Gouverneurs des Colonies Angloifes ont-ils au contraire agi de leur propre autorité? Celle du miniftère ne pouvoit trop tôt reprimer leur entreprife. Elle devoit être regardée comme une défobéiffance d'autant plus dangereufe, qu'elle fuppofoit une confédération. Les auteurs devoient en être punis; l'ont-ils été?

Dès le mois de Septembre 1754. M. Shirley Gouverneur de Bofton fe met à la tête d'un nouveau détachement de 700. hommes. Il marche pour s'emparer des fources de la riviere de Narantchouac (a); il y fait bâtir un Fort. Ce Commiffaire de la Nation Britannique, qui devoit regler à l'amiable les limites des Colonies refpectives, fe croit difpenfé d'attendre la fin des Négociations. Les nœuds des traités l'embarraffent; il prend le fer, comme Alexandre.

Depuis ce tems on ne ceffe d'embarquer en Angleterre des troupes & des armes. Loin de

fon-

______

(a) Autrement Kinebeki.

fonger à défavouer les auteurs des hoftilités , on femble déterminé à aller foutenir leurs entreprifes ; loin de les punir , on leur confie des troupes plus nombreufes : les Colonies Françoifes font attaquées.

Tant de préparatifs obligent la France de fonger enfin à la défenfe de fes établiffemens. La prudence exige, que, fans vouloir commencer la guerre , elle fe fortifie du moins coñtre celle qu'on paroît déterminé à lui faire. Le Roi Très-Chrétien fait auffi partir des Vaiffeaux. Les Anglois les traitent en ennemis ; & avant que les Miniftres de la Grande-Bretagne aient prononcé le mot de *Guerre* , celui de *Victoire* eft dans la bouche de tout le Peuple de Londres. Les Anglois de l'Acadie portent partout le fer & le feu ; les Forts François font affiégés : Beaufejour eft écrafé par les bombes, & ces inftrumens cruels, faits pour fervir la vengeance des Rois, plûtôt que leur juftice, font employés contre les François , avant même que l'Angleterre ait déclaré & fa réfolution & fes motifs. Eft-ce ainfi que l'on défavoue l'ardeur indifcrete de quelques Officiers ?

Eft-ce ainfi, par exemple, que la France a défavoué une entreprife, qui, quoique peu importante dans fon objet, a paru néantmoins bleffer une Puiffance étrangere ?

J'aime à voir un Souverain mettre fa grandeur à donner l'exemple des égards que les Nations fe doivent l'une à l'autre ; & fur un devoir auffi important à la tranquillité de l'univers, ne point

crain-

craindre d'aller même au-de-là des bornes qu'il preſcrit.

Comparons cependant, à l'enlevement d'un vil chef de brigands, que la France avoit droit de revendiquer comme ſon ſujet, l'aſſaſſinat d'un Officier de cette Nation revêtu d'un caractère, maſſacré ſur les terres du Domaine de la France, & par ceux mêmes auxquels il étoit deputé. On jugera ſi elle n'étoit pas en droit de demander la réparation la plus authentique. Ne point prévenir les plaintes de ſon Ambaſſadeur, n'étoit-ce pas partager la honte du crime? Que ſera-ce de les avoir mépriſées?

Ce n'eſt pas aſſez. Les violences exercées en Amérique, l'attaque livrée aux Vaiſſeaux de la France en pleine paix, deviennent le prélude d'une guerre auſſi irréguliere dans ſa forme, que déraiſonnable dans ſes motifs. Que peut penſer l'Europe de cette eſpéce de piraterie dont les Anglois ſe font honneur dans leurs Gazettes, & dont celles de Hollande ont entretenu l'Europe depuis plus d'un mois? Quoi! la Grande-Bretagne, rivale d'Alger & de Tripoli! *Egregiam ſane laudem, & ſpolia ampla!*

Que dis-je, rivale d'Alger! Quoi que nous ſoyons en guerre avec ces Muſulmans, rendons leur la juſtice qui leur eſt dûe, & ne comparons point leur conduite à celle des Anglois. Nous vous avons, répondroient les Algeriens, au moins déclaré la guerre. Ce n'eſt pas tout, nous vous avons donné deux mois pour mettre vos vaiſſeaux en ſûreté, & vos né-

C 3

gocians

gocians à l'abri. Ce n'eſt qu'après un procédé auſſi régulier que nous avons arboré la Flamme rouge. Nous faiſons la guerre comme les Anglois devroient la faire. Ce Peuple poli á-t-il donc pris les anciens uſages d'Alger & de Tunis?

Quel eſt, l'Anglois déſintéreſſé & impartial, à qui cette refléxion n'eſt pas venue, en voyant entrer à la fois dans le Port de Plimouth, & les Vaiſſeaux Marchands pris ſur la France, & cette Fregate que le Roi Très-Chrétien a fait rendre à la Grande-Bretagne, parce qu'il eſt encore dans le préjugé, qu'il n'appartient qu'à des Corſaires de faire la guerre ſans la déclarer?

Oui, quelque envie que l'on aye de juſtifier la Nation Angloiſe, les faits juſqu'ici parlent trop haut contre elle; il eſt maintenant avéré que le Gouvernement a eu part à des entrepriſes trop ſuivies & trop concertées, pour être regardées comme l'effet de querelles particulieres entre les Gouverneurs des Colonies de l'Amérique. Les Anglois veulent la guerre. En attendant que l'Europe entiere ſoit troublée, ce qui eſt enfin arrivé, ils l'ont fait de la maniere la plus injuſte & la plus contraire à la police des Nations. Ils ont ſeuls envahi, ils ont armé, ils ont attaqué les premiers. Partout où il n'a pas été indiſpenſable de ſe défendre, on n'a point vû les François prendre les armes.

Mais s'il eſt impoſſible aux Anglois de déſavouer tout ce qui s'eſt paſſé en Amérique, ſi c'eſt à eux que l'on doit imputer les hoſtilités, je ne leur vois qu'une ſeule reſſource,

ce, non fans doute pour juftifier la forme de leurs procédés, mais au moins pour préfenter quelque motif plaufible de leur réfolution. Ils doivent établir, que la guerre qu'ils font eft jufte dans fon principe, & légitime dans fon objet. C'eft une queftion que j'examine depuis longtems: tout bien confidéré, je crois qu'elle eft encore décidée contre eux.

Je fuis, dis-je, perfuadé 1. que, quelles que foient leurs prétentions, la guerre qu'ils font eft injufte. 2. Que leurs prétentions mêmes font mal fondées. Je me flatte de démontrer ces deux Propofitions.

La décifion de la premiere dépend de l'examen d'un feul point de fait. Les Anglois ne pouvoient-ils fans la guerre faire valoir leurs prétentions? Avoient-ils épuifé les voies pacifiques dont les deux Puiffances étoient convenues? Pour moi je crois une guerre injufte, dès qu'elle n'eft pas indifpenfable. Voici mes principes: malheur aux hommes, s'ils ne font pas gravés dans tous les efprits.

Je ne fçai fi, depuis que les peuples fe font la guerre, on a fait d'affez férieufes refléxions fur ce droit terrible & néceffaire d'exterminer fes femblables. Il exifte fans doute, & lorfque Dieu fe nomme lui-même le Dieu des Armées, il ne veut point donner de Lui l'idée d'un Etre injufte & mal-faifant.

Mais qu'eft-ce que ce droit? C'eft ce que les Chefs des Nations ont le plus grand intérêt d'examiner. Eft-ce le pouvoir illimité d'attaquer

quer

quer & d'envahir? Et parce que les hommes font réunis en société fous un feul Chef, leur fera-t-il permis de fe rendre coupables d'une injuftice, que cette même Société puniroit, fi elle étoit commife par un fimple particulier? Cette queftion trouve fa réponfe dans tous les efprits: réponfe fatale à la gloire des Rois qui n'ont été que conquérans. Un Poëte François met le vainqueur de l'Afie au nombre des fous les plus célébres. Il a fait grace à ce deftructeur du genre humain.

Le Droit de la Guerre fuppofe donc des regles, & leur connoiffance eft d'autant plus importante, que le Souverain qui s'en écarte, n'a fur la terre d'autre juge que lui-même, & peut dès-là faire des maux irréparables, & à fon peuple & aux peuples voifins.

Pour fe faire une jufte idée de ces regles, il faut remonter au tems qui a dû précéder la formation des peuples. Je la diftingue de l'établiffement de la Société. Celle-ci (quoiqu'en dife une Philofophie qui met fon orgueil à rabaiffer l'homme) eft auffi ancienne que le monde. Un homme eft né à côté de fon femblable. Il exifte entre eux des rapports; leur raifon les apperçoit. Voilà la Société naturelle, voilà l'état primitif de l'homme. Il n'a point été créé pour vivre ifolé dans les forêts.

Mais dans cette premiere Société, lié avec fes befoins, & par l'attrait naturel qui les porte à fe fecourir mutuellement, il ne reconnoît encore d'autre juge que fa raifon. Il fort libre des mains

de

de fon Créateur. Il porte fes regards autour de lui. La terre eft fon domaine. Les bêtes font foumifes à fon empire; les hommes font égaux. Il eft lui-même fon guide & fon fouverain. Il dit, en levant la tête, quel eft l'Etre femblable à moi qui ait le droit de me commander?

Dans cet état, s'il fait quelque convention avec fon frere, une Loi fuprême écrite dans fon propre cœur, lui dicte qu'il doit obferver le trai-té; mais s'il manque à fa parole, s'il viole le contrat, quelle eft l'autorité qui pourra l'y for-cer? Si une paffion violente s'empare de lui, s'il marche armé contre fon voifin pour lui enle-ver fa récolte & le fuit de fon travail, quel frein arrêtera celui que la raifon ne contient point? Ici la force vient au fecours de la juftice. Le droit de guerre commence, & il dure tant que la loi naturelle rendue impuiffante par les paf-fions, n'eft point encore rédigée en convention civile, ni mife entre les mains d'une autorité coactive. Le même genre de force qui fait la guerre dans l'état de Nature, ou ce qui eft la même chofe, dans l'état de Société naturelle, eft précifément celui qui punit les malfaiteurs & fait exécuter les loix pofitives dans l'état de So-ciété civile.

Il fuit donc de ce que je viens de dire, que dans l'état de fociété naturelle la guer-re fe fait d'homme à homme, & qu'elle s'eft fai-te enfuite de famille à famille. Mais la guerre dans cet état n'eft permife que dans la réunion de deux circonftances. 1. Lorfque le motif en eft

jufte.

juſte.   2. Lorſqu’elleeſt néceſſaire.   Or elle n’eſt
jamais néceſſaire lorſqu’il eſt poſſible de ſe faire
rendre juſtice ſans ce moyen.   L’aîné des enfans
du premier homme en attaquant ſon frere, faiſoit la guerre, mais une guerre injuſte: & ſi celui-ci pour défendre ſa vie eût oppoſé la force à
l’agreſſeur, il eût lui-même fait une guerre juſte, légitime dans ſon objet, indiſpenſable dans
la circonſtance.

Suppoſons maintenant que tous les enfans du
premier homme ſont convenus de s’en rapporter à leur pere dans les differens qui pourroient
s’élever entre eux.   La prétention injuſte de l’un
d’eux ne peut alors devenir un motif de guerre.
Elle n’eſt permiſe, que lorſque le pere ayant prononcé, l’enfant rebelle refuſe de ſe ſoumettre à
ſon jugement.   Pourquoi? C’eſt qu’un principe de Société, antérieur à la formation des Peuples, dicte que la violence, qui par elle-même
eſt un mal, ne doit être employée que lorſqu’elle eſt le ſeul moyen de rétablir l’ordre.

Differentes familles ſe ſont réunies ſous un
même gouvernement; le genre humain s’eſt partagé en pluſieurs ſociétés: l’on a connu la diſtinction des peuples.   Chacun s’eſt fait des loix
relatives à ſon bien-être particulier.   Différentes
conventions ont lié les hommes d’une même
ſociété; une autorité publique a été chargée du
ſoin de punir l’infidélité, & les loix civiles ont
fait ceſſer le droit de guerre entre les particuliers.
Mais chaque Nation, priſe comme un individu,
eſt demeurée par rapport aux autres Nations,
dans

dans cet état de société naturelle où se trouvoient les premiers hommes entre eux. Cet état naturel n'est pas sans doute l'état de *l'homme sauvage & isolé*: il suivroit de ce bisarre syftême, qu'il n'y auroit point de loix générales entre les différentes sociétés qui couvrent la terre : principe défavoué par la raison & proscrit unanimement par tous les Peuples.

Chaque Nation a donc des rapports nécessaires avec la Nation voisine. On a traité de peuple à peuple comme on traitoit d'homme à homme: les loix générales prises dans la raison & l'humanité, ont continué d'être une regle commune. Les peuples y ont ajouté des conventions particuliéres : ce font les Traités. Mais parce que les Nations considérées comme étant en société entre elles, n'ont point sur la terre une autorité commune, capable de contenir & de reprimer celles qui violent ces loix, le droit de guerre a continué par rapport à elles. Mais comme il est de la même nature que celui qui existoit entre les hommes dans leur premier état, les regles n'en ont point changé. Chaque Nation a le droit de se faire rendre justice par la force; mais la violence doit être la derniere ressource de l'humanité. Toute guerre est injufte dès qu'elle n'est pas nécessaire. Voilà, en un mot, mes principes. Je crois qu'ils font communs à tous les hommes qui veulent bien consulter la raison. Je dis plus : ils font la sureté des peuples, & on ne peut les rejetter fans exposer l'humanité au brigandage de Nation à Nation, beau-

coup

coup plus redoutable que celui qui ne s'exerceroit que de particulier à particulier.

C'est donc sur ces maximes, que les peuples doivent être jugés. Faisons-en l'application à la conduite des Anglois J'ai démontré qu'ils font la guerre aux François. Je ne leur demande point encore quels font leurs motifs & leurs griefs? Je leur ferai une question qui demande beaucoup moins d'étendue dans sa réponse. Toutes ces violences étoient-elles néceffaires? Si vous aviez des prétentions, n'aviez-vous que ce moyen pour vous faire rendre justice? De quoi s'agit-il entre Vous & la France? Des limites de vos poffeffions refpectives. Hé, mais! vos Commiffaires travaillent à les regler. Il a été convenu entre vous que les droits de l'une & de l'autre Couronne feroient éclaircis, difcutés, & enfin decidés par voie de négociation. Or quel acte d'hoftilité de la part des François a pû interrompre ces négociations deftinées à épargner le fang? Que dis-je? Elles n'ont point été interrompues. Elles duroient encore. Vos derniers Mémoires n'ont été donnés que depuis l'invafion qui a coûté la vie à M. de Jumonville, & la liberté à fon efcorte. Vous communiquiez en Europe l'état de vos prétentions & le détail de vos poffeffions: en Amérique, votre canon annonçoit vos réponfes aux Colonies Françoifes.

Que les Commiffaires du Roi Très-Chrétien euffent rompu la négociation: Que ne pouvant fe rapprocher fur des points effentiels, de ceux de la Grande-Bretagne, ils euffent nettement

decla-

déclaré que le fort des armes pouvoit feul décider la queftion : qu'en conféquence les Miniftres
de l'une & de l'autre Couronne fe fuffent mutuellement fait part des dernieres intentions du
Gouvernement, & que les deux Souverains euffent déclaré ne vouloir rien céder : alors la guerre devenue néceffaire, ne laiffoit qu'une feule
queftion à éxaminer ; c'étoit celle de la juftice
ou de l'injuftice des prétentions refpectives. Une
Déclaration de guerre, en annonçant les hoftilités, les juftifioit : & chaque Nation lavée du
foupçon d'infidélité, ne pouvoit être taxée que
d'erreur ou d'entêtement.

Mais eft-ce-là, au vrai, la pofition des
deux Puiffances ? Les politiques étrangers fe de-
mandent avec furprife, quel peut être le deffein
des agreffeurs ? Pourquoi a-t-on nommé des
Commiffaires, fi avant que leur travail foit fini,
il plaît aux Anglois de commencer la guerre ?
Faudra-t-il que toute l'Europe foit en feu parce
que la Logique de M. Shirley & de M. Mildmay
n'aura pas trouvé de réponfe à un raifonnement
décifif ? Se peuvent-ils flatter, par exemple, que
l'Empereur & l'Impératrice fe croiront obligés
d'époufer leur querelle & d'expofer l'Allemagne
à tous les défordres de la guerre, uniquement
parce qu'il aura plû aux Anglois de la faire ? Et
les bons & pacifiques Hollandois, qui n'ont
d'autre intérêt que celui de maintenir leur commerce, fi l'on vouloit quelque jour les forcer
de fe déclarer ; ne feroient ils pas en droit
de commencer par exiger que l'Angleterre leur
dé-

démontrât la nécessité d'une guerre dont ils ne pouvoient pas même appercevoir l'utilité?

Fixons-nous donc au point décisif auquel j'ai voulu amener. Un Auteur ancien a dit, que les guerres étoient justes lorsqu'elles étoient nécessaires. Je va plus loin, & je soutiens qu'elles ne sont justes que lorsqu'elles sont indispensables, & qu'un peuple ne peut se faire rendre justice par la force, que lorsqu'il est démontré aux yeux de l'Univers, que tout autre moyen est épuisé. L'équité le veut, l'intérêt des Nations l'ordonne. La paix est l'état naturel de la Société, & la Société est l'état naturel de l'homme. Quiconque trouble gratuitement cette paix, devient l'ennemi du genre humain.

J'allois passer à l'établissement de ma seconde Proposition : mais je reserve cette discussion pour une autre occasion. En attendant je veux faire quelques Observations sur le beau & touchant discours que j'ai lû dans la Gazette d'Amsterdam (*a*). En vérité, M. le Gouverneur de de Pensylvanie a fait des études de Rhétorique admirables. Cet étalage larmoyant de la Bataille perdue par le Général Braddok, cette peinture si touchante des cruautés des Sauvages, *qui égorgent avec la même joie & la même ferocité, & le tendre Enfant qui leur sourit, & la Mere éperdue qui le cache dans son sein* : voilà du grand & du pathétique, & une pareille ha-
ran-

(*a*) Feuille 81. art. de la Grande-Bretagne du 3. Octobre 1755. Discours de M. de Torris à l'assemblée de Philadelphie.

rangue valloit bien les 70000. liv. de subsides qui ont été accordés. Sans doute que les Sauvages proscrits par les Anglois, ont grand tort de se livrer à leur ressentiment. Ils devroient, en bons Chrétiens, présenter la gorge au boureau qui doit porter leur tête à Mr. Shirley, & se la faire payer 200. livres. Ils auroient dû dans la Bataille respecter le fils de ce généreux Gouverneur de Boston, & le prier même d'aller porter à son pere les assurances de leur reconnoissance & de leur affection. Mais, quoi! le Commerce des Anglois n'a-t'il donc point encore élévé les Indiens à ce point de perfection. Peut-être y viendroient-ils, s'ils pouvoient lire souvent les belles Harangues de Mr. de Torris. Avec quelle énergie il exhorte les habitans de la Pensylvanie *à ne songer à d'autre épargne qu'à celle du sang innocent, que les cruelles mains des Sauvages sont prêtes à répandre!* Oui, Messieurs, prodiguez vos trésors, dépouillez-vous avec joie du fruit de vos sueurs. Une guerre dans laquelle on paye deux cens livres la tête d'un ennemi, doit couter cher à la Nation. C'est pour épargner le sang innocent que l'on paye des Assassins.

Un habile Orateur peut se tromper dans ses conjectures. C'est ce qui est arrivé au Gouverneur de Pensylvanie. Les François ne sont point entrés sur les terres des Anglois. Ils

Ils n'ont point franchi les montagnes des Apalaches. Ils ont marché au secours du Fort Frédéric qui appartient à la France. Cette Place, qui est située sur le Lac Champlain, est encore une des clefs du Canada, & défend la riviere de Richelieu qui se jette dans le fleuve Saint Laurent. Les Anglois marchoient pour se rendre maîtres de ce Fort important. Il a été mis en sûreté, & les François sont restés sur leur propre terrain. Si les Anglois les ont attirés sur le leur, ils ne peuvent s'en prendre qu'à eux-mêmes.

MEMOIRES
POUR SERVIR A
L'HISTOIRE
DE NOTRE TEMS,

PAR-RAPPORT A LA GUERRE
ANGLO - GALLICANE.

(4.)

REFLEXIONS GEOGRAPHIQUES ET POLITIQUES SUR LES PRETENSIONS DES ANGLOIS.

L'ORDRE sembloit exiger, que je fisse connoître avec quelque détail, les prétentions des Anglois, avant d'en démontrer l'injustice. Je voulois donc commencer par fixer les idées sur l'étendue qu'ils donnent à chacun de leurs Colonies en particulier. Après avoir ainsi séparé leurs établissemens, j'aurois examiné les titres relatifs aux uns & aux autres.

Le croiroit on? Cette espèce de travail préliminaire, qui ne devoit être qu'une exposition simple de ce que la Nation Britannique appelle ses droits, est ce que j'ai trouvé de plus difficile dans l'entreprise à laquelle je me suis engagé. J'ai beaucoup lû, j'ai fait des extraits, j'ai examiné des cartes Angloises; tout

D

ce

ce qui en réfulte pour moi, eft la perfuafion intime où je fuis, que les Anglois fçavent bien jufqu'où ils veulent étendre les bornes de leurs établiffemens en général, mais qu'ils n'ont encore rien de certain fur les limites de chacun en particulier. Le fyftême fur lequel leurs Politiques paroiffent d'accord, c'eft de devenir poffeffeurs de toutes les Côtes, & de l'intérieur du pays qui s'étend depuis le fleuve S. Laurent jufqu'au golphe du Mexique ; de rendre dans cette portion du Continent toutes leurs Colonies contigues, tandis qu'ils couperont la communication qui a regné jufqu'ici entre les autres Nations, qui ont, comme eux, des établiffemens dans cette partie de l'Amérique.

Par-là maîtres d'attaquer à la fois toutes ces Colonies, ils feront fûrs de les avoir mifes dans l'impoffibilité de fe fecourir mutuellement. Le François, l'Efpagnol, le Hollandois ne pourront commercer enfemble fans la permiffion de la Grande-Bretagne ; celle-ci au contraire, ne craignant rien de leurs efforts réunis, & perpétuellement libre dans fon commerce, interceptera dès qu'elle le voudra, ou même ruinera fans reffource celui de la Nation à qui elle ne jugera pas convenable d'accorder fa protection.

Tel paroît être le plan général du miniftère Anglois. Peut-être encore n'eft-il qu'un leurre, que l'on préfente à la Nation, pour fervir des intérêts particuliers ; car enfin, ceux qui

qui sont à la tête du Gouvernement sont trop clairvoyans, pour ne pas sentir qu'un systême aussi contraire à la balance du commerce, doit essuyer une résistance universelle & éternelle. Mais du moins ils auront allumé la guerre, & en manquant l'éxécution du projet, qui seul peut flatter la Nation, ils auront rempli celui qui est nécessaire aux intrigues secrettes, dont ils pourroient bien n'être que les principaux instrumens.

Laissons pour aujourd'hui ces intrigues dont j'aurai assez d'occasions de parler, ne nous attachons qu'au systême général qui les masque, & que la Nation trompée embrasse avec tant d'ardeur. Commençons par tracer les bornes du vaste Empire, dont elle se regarde déja comme en possession. Nous en examinerons dans la suite chaque Province en particulier.

Un certain M. Pallairet, dont je crois avoir vû le frere ou le cousin, (car je ne suppose pas que ce soit lui-même,) vendre du vin à Rotterdam, s'annonce aujourd'hui dans les gazettes comme l'Agent des Etats Généraux à Londres ; mais une qualité qu'il n'ose encore se donner, quoiqu'il la mérite assurément à plus juste titre, est celle de Géographe politique de la Grande-Bretagne. Je ne crois pas que ce soit la République d'Hollande qui lui ait ordonné de faire graver la Carte qu'il vient de donner au Public ; encore moins lui a-t-elle payé ce travail, qui étoit ce me semble, étranger à la commission dont il se dit decoré. D'où

je

je conclus que M. Pallairet est aux gages des Anglois, qui sçavent mettre à profit tous les talens. Cette Carte, fort bien gravée & passablement enluminée, peut ne pas faire honneur à la fidélité de cet Agent prétendu ; mais elle en fait beaucoup à sa reconnoissance. Quels Etats immenses ce nouveau distributeur de Provinces assigne à ses bienfaicteurs ! Il diroit volontiers d'eux ce que Virgile fait dire à Jupiter sur le compte des Romains : (a)

Aussi tout le Peuple de Londres s'est jetté avec avidité sur un tableau aussi intéressant. Il s'est trouvé suspendu dans les Caffés, il a été attaché dans la Bourse ; le Bourgeois qui lit la gazette & les *Pamphlets*, le Négociant que l'espoir d'un grand commerce à-venir console d'une ruine présente & assurée, le Pilote qui veut connoître les pays où il doit transporter un peuple de héros, sont allés également y examiner les droits de la Nation, & y mesurer l'immensité de ses richesses futures. Que de ports les imaginations échauffées par une noble ambition & par de mauvaise eau-de-vie, ont construit déja sur le golphe du Mexique ! Quel plaisir de voir la nouvelle Orléans devenir bientôt une Colonie Angloise ! Que d'injures on a dit aux François ! Que d'imprécations on a fait contre la témérité de ce peuple entreprenant, qui ose disputer à la Grande-Bretagne les pays que M. Pallairet a enluminés de jaune ou de rouge !

Que

(a) His ego nec metas rerum, nec tempora pono.

Que l'on daigne envoyer chercher cette Carte précieuse, & que l'on aye la bonté de me suivre pour connoître toute l'étendue de la domination Angloise, suivant le nouveau systême de Londres.

Que l'on se place au Cap des Rosiers, à l'extrémité de la Gaspesie, & suivons de l'Est à l'Ouest les bords méridionaux du fleuve S. Laurent. Est-on vis-à-vis de Quebec? ce n'est pas assez; que l'on aille jusques à Montréal; que l'on passe maintenant la riviere & remonte celle des Outaouais, beaucoup au-delà de la hauteur du Lac Nipissin: que l'on cotoye maintenant de l'Est à l'Ouest la Province de *Messesagues* où les Anglois n'ont jamais commercé. Est' on arrivé sur les bords du Lac Huron, que l'on passe le détroit à *Michillmakinac* & que l'on aille joindre le petit fort St. Ignace, bâti par les François. Jusques ici on n'a rencontré que des établissemens de cette Nation. Bon! ne voit-on pas que, quelque anciens qu'ils soient, ce sont autant d'usurpations? L'on n'a parcouru que la ligne qui termine, du côté du Nord, les possessions Angloises; je veux faire faire le tour de leur Empire: que l'on se laisse conduire avec docilité.

Du point où l'on est, il faut suivre toute la Côte orientale du Lac Michigan. Au Midi de ce Lac un portage de quelques lieues conduit à la riviere des Illinois. Descendons-la jusques au confluent, où elle se jette dans le fleuve S. Louis. Suivons le bord oriental de ce

Fleuve

Fleuve jufqu'à fon embouchure. Eh quoi! on eſt encore étonné de tous les établiſſemens François que l'on rencontre ? Tous ces Forts & la nouvelle Orléans elle-même n'ont jamais appartenu à la France. Il y a plus de trente ans que cette ville eſt bâtie, & on l'a toujours regardée comme la Capitale de la Louiſianne. Mauvais préjugé de l'Europe ! il faut aujourd'hui la détromper. Telles ſont, les bornes de la domination Angloiſe à l'Oueſt de l'Amérique Septentrionale.

Celles qui la terminent au Midi ſeroient les mêmes que la Nature a données au Continent, ſi malheureuſement on ne rencontroit pas la preſqu'isle de la Floride, qu'il n'eſt pas encore tems d'enlever aux Eſpagnols. Les Anglois, pour aujourd'hui, ſe contentent de réduire la Floride à cette preſqu'Iſle. Ils ont la généroſité de n'ôter à cette Colonie Eſpagnole que les pays ſitués au Sud de *l'Alatamatha*, depuis cette riviere en tirant au Sud-Oueſt jufqu'à la Baye de *Penſacala*. Ainſi, en partant de la nouvelle Orléans, (ou plûtôt de la pointe de la Baliſe qui eſt encore plus Méridionale,) ſuivons le Golphe du Mexique jufqu'à l'embouchure de la riviere Apalache. De-là tirons une ligne droite, qui traverſe la preſqu'Iſle de la Floride, jufqu'à l'entrée de cette Baye où ſe jette la riviere *San-Matheo*. Nous voilà arrivé ſur les bords de l'Océan Atlantique; remontons au nord. Rien ne peut plus nous arrêter : toutes les côtes, non-ſeulement jufqu'au Cap Canſeau,

qui

qui termine l'Acadie, mais jufqu'au Cap des Rofiers dont nous fommes parti, appartiennent à l'Angleterre fuivant le nouveau Géographe. Convenons, que s'il n'eût pas été bien récompenfé, il eût pû accufer les Miniftres Anglois d'ingratitude.

Je ne fai cependant fi l'on a connu toutes les obligations qu'on lui avoit, & fi on lui a fçu gré d'une attention digne de remarque. Il a fenti, que c'eût été nuire aux Anglois eux-mêmes, que de ne faire aucune diftinction, dans cette vafte fuite de Provinces, entre celles qui leur appartiennent réellement ou du moins fur lefquelles ils ont une prétention fondée fur quelque prétexte, & celles dont ils ne peuvent, même par de mauvaifes raifons, s'attribuer la propriété. Qu'auroit' on dit en Hollande, fi on y eut pû donner lieu de penfer, que l'Angleterre n'avoit pas plus de droit fur Hali-fax que fur la nouvelle Orléans? M. Pallairet a donc diftingué par différentes couleurs les Pays dont il regarde les Anglois comme poffeffeurs, d'avec ceux dont ils font, il eft vrai, felon lui, propriétaires, mais qui ne font encore habités que par des Indiens fujets ou al-liés de l'Angleterre. Dans la premiere claffe, il met tous les bords Méridionnaux du fleuve S. Laurent & du Lac Ontario. Quand il n'au-roit donné que cela à l'Angleterre, le préfent étoit affez honnête. Quand au refte du pays fitué depuis les Monts Apalaches, jufques & par-de là les Lacs au Nord, & jufqu'à la rivie-

D 4

re

re S. Louis à l'Ouest, il lui donne le nom des
Provinces Angloises limitrophes, dont il le regarde comme faisant partie, en attendant que
les Anglois s'y établissent. Ainsi, suivant le
nouveau systême du Ministère de Londres, que
cet Agent a cherché à rendre avec exactitude, la Virginie, la Caroline, la Géorgie, que
ce Ministère même a regardées autrefois comme bornées à l'Ouest par les Monts Apalaches,
s'étendent aujourd'hui jusqu'aux bords du Fleuve S. Louis.

Il est vrai que je ne comprends pas trop,
pourquoi, si ce pays, situé à l'Ouest des
Apalaches n'est habité que par des Sujets de la
Grande-Bretagne, on n'ose encore le mettre
sur la Carte au rang des Provinces possédées par
l'Angleterre, ni pourquoi, si ces peuples sont
simplement alliés de cette Couronne, il seroit
défendu aux François de former des établissemens au milieu de nations libres, avec lesquelles ils ont toujours commercé. Mais laissons-
là les difficultés de détail. Allons au gros du
systême.

Il peut s'envisager sous deux points de vûe.
1. En lui-même & relativement à la nature
des prétentions qu'il renferme, considérées dans
l'ordre moral, c'est-à-dire, comme justes ou
injustes. 2. Dans ses suites, relativement à la
balance du Commerce de l'Amérique, & aux
influences qui en résultent dans l'ordre politique. Heureuse la société humaine, si ces deux
points de vûe (s'identifiant pour ainsi dire) le
bien

bien être de chaque Etat étoit toujours inféparable de fa fidélité à obferver les Traités! La faine politique fait toujours marcher ces deux grands objets d'un pas égal. Par une fage combinaifon de l'intérêt des Nations & de leurs devoirs, elle impofe aux peuples la néceffité d'être juftes, & les oblige, par la feule vûe de leur propre avantage, à fe réunir contre les ufurpateurs.

En partant de ces régles, tout s'éléve ici contre les Anglois. Leur plan eft ruineux pour le commerce de leurs voifins, & fi, malheureufement pour l'Europe, ce plan étoit appuyé fur des Traités, les Nations qui les refpecteroient facrifieroient fans doute leur intérêt à la fidélité que prefcrit la plus exacte juftice, & ne fe verroient qu'à regret liées par des conventions, dont on n'auroit pas prévu toutes les fuites.

Mais fi un plan auffi dangereux dans l'ordre politique, eft encore fouverainement injufte dans l'ordre moral ; avec quel zéle les Nations commerçantes de l'Europe ne fe réuniront-elles pas pour en empêcher l'exécution ? La voix de leur intérêt fe joint ici à celle de l'équité. Les loix qui lient enfemble tous les Etats, s'élévent contre les Anglois, & combattent pour l'avantage commun de la fociété univerfelle.

Ici je fuis obligé d'intervertir l'ordre de mes idées.

Si je ne fuivois que celui dans lequel elles fe préfentent à mon efprit, j'examinerois d'abord l'injuftice du fyftême Anglois comparé

D 5   aux

aux Loix & aux Traités. Les suites redoutables de leur projet ne viendroient qu'en second lieu. La justice en effet doit tenir le premier rang dans nos pensées, comme elle doit occuper la premiere place dans notre cœur. Mais l'injustice du plan de la Cour de Londres doit être démontrée dans chacune des prétentions qu'il renferme. Il faut décomposer son systême, & ce détail convaincra le Lecteur du coup fufuneste, que la politique des Anglois prépare au commerce de tous les peuples qui ont des établissemens soit dans le Continent, soit dans les Isles de l'Amérique Septentrionale. Suivons ces réfléxions.

La balance du commerce des Nations en Amérique est comme la balance du pouvoir en Europe (*a*). Elle ne consiste pas à établir un équilibre de forces entre chaque peuple en particulier. Ce projet, impossible dans son exécution, feroit en lui-même le comble de l'injustice. Destructeur de l'émulation & de l'industrie, il rendroit l'Etat qui s'enrichit, ennemi nécessaire de tous les autres.

Cette balance si utile, a donc pour objet d'empêcher qu'un peuple commerçant ne devienne tellement supérieur en forces, que tous les autres réunis ne puissent lui servir de contre-poids. Dans l'état de la Nature, un homme peut être

plus

(*a*) On pourroit même ajouter que ces deux balances n'en font qu'une. Le commerce est la force des Etats, & un Peuple qui le fait seul, est toujours sûr de faire pencher de son côté la balance du pouvoir.

plus grand & plus fort qu'un autre homme : mais malheur à la Société si cet homme est un géant, contre lequel tous les autres rassembleroient envain leurs forces.

Appliquons cette idée au commerce. Celui des Anglois peut être plus étendu que celui de chaque Peuple pris en particulier : mais s'il est tel, qu'il ne tienne qu'à eux de ruiner, quand ils le voudront, le commerce de toutes les autres Nations dans l'Amérique ; je demande, si les intérêts de l'Espagne, de la Hollande, du Portugal & du Dannemark se trouvent ici séparés de ceux de la France ?

Voyons maintenant, quelle seroit la force des Anglois, si tous les pays qu'ils se font fait donner par leur ami M. Paillairet, leur étoient assurés, ou par le droit de conquête, ou par quelque traité : je me flatte d'établir, qu'ils feroient seuls les maîtres du commerce de toute l'Amérique Septentrionale : on va sans doute au - devant de mes preuves.

Je porte d'abord mes regards sur les Colonies Françoises, & je commence par celle du Canada, considérée soit en elle-même, soit par rapport aux Isles qu'elle protége. J'ai dit déja (a) que le Canada, du moins jusqu'à présent, coute plus à la France qu'il ne lui produit. Il est le boulevard des Isles : voilà son plus grand avantage. Cette source féconde du commerce des François se tarit pour eux, si les Anglois sont une fois possesseurs des pays que

la

(a) V. N. (1) du présent Volume.

la France possede dans le Continent. Les Provinces fertiles occupées par les Colonies Angloises, sur les bords de l'Océan Atlantique, sont aujourd'hui par leurs soins & leurs travaux de riches Etats, aussi florissans que plusieurs Royaumes de l'Europe. Le commerce y a introduit tous les Arts : les arcenaux y sont remplis d'armes, on y met tous les ans en mer des vaisseaux construits dans le pays, & les établissemens des Anglois sur ces côtes fournissent actuellement plus à l'Europe qu'ils n'en retirent.

Que ces Peuples, qui deviennent insensiblement guerriers, n'étant plus contenus par les François du Canada, forment une entreprise sur les Isles, l'armement sera fait & l'expédition toute prête, avant que la Nouvelle en soit parvenue en Europe. L'entreprise sera exécutée avant que, dans les ports de France & d'Espagne, on ait seulement le tems d'équiper les vaisseaux nécessaires pour s'y opposer.

Ce n'est pas tout. Par une bizarerie de la Nature, que je laisse aux Physiciens le soin d'expliquer, le climat du Continent de l'Amérique Septentrionale prépare les hommes à soutenir celui des Isles. La malignité de celui-ci est presque toujours funeste à ceux qui y arrivent directement d'Europe. Ainsi c'est du Canada & de la Louisiane que les François doivent faire passer aux Isles les secours nécessaires, soit pour entretenir, soit pour défendre leurs établissemens; & si les habitans des Colonies Angloises

ſes venoient à bout ou d'anéantir ou de rendre abſolument impuiſſantes les Colonies Françoiſes ou Eſpagnoles du Continent Septentrional , ils feroient bientôt les maîtres de s'emparer de celles qui ſont hors du Continent, & qui ont preſque toujours été inutilement attaquées par des troupes venues d'Europe.

Ces refléxions ſuffiſent pour convaincre qu'il eſt de la derniere importance pour les François, de conſerver le Canada.   Ils ne le peuvent, en ſuppoſant que les Anglois devinſſent poſſeſſeurs de tout le pays dont ils ſe regardent comme propriétaires.

La Baye d'Hudſon leur appartient par l'Article X. du Taité d'Utrecht , & par-là ils ſont en état de reſſerrer la nouvelle France du côté du nord , & de faire avec les Sauvages de ce pays un commerce, qu'ils travaillent depuis long-tems à enlever aux François.   Ceux-ci ne peuvent donc entretenir le leur , qu'en conſervant les débouchés qui leur ſont ouverts à l'Eſt, au Sud, & à l'Oueſt de leur Colonie.   Examinons ces différentes iſſues.

La plus belle porte du Canada eſt ſans doute le fleuve Saint Laurent, & les Anglois maîtres de l'Isle de Terre-Neuve n'ont déja que trop de moyens, ſinon de la fermer , au moins d'en gêner extrêmement le paſſage.   Mais en ſuppoſant qu'ils le laiſſaſſent toûjours auſſi libre qu'il doit l'être, cette entrée ſi belle n'eſt ni la plus facile, ni la plus ſûre.   Sans parler des tempêtes qui ſont très-communes dans le golphe, &

qui

qui firent périr en 1712. plusieurs vaisseaux Anglois prêts à attaquer le Canada, le fleuve est couvert de glaçons & impraticable pendant six mois de l'année. Les brouillards épais qui le couvrent au Printems & en Automne, les courans rapides qui s'y rencontrent, enfin le grand nombre de bancs de sable & de rochers à fleur d'eau dont son lit est parsemé, en rendent la navigation impossible la nuit, & dangereuse le jour. Le transport des vaisseaux, lent & pénible jusqu'à Quebec, le devient bien davantage depuis Quebec jusqu'à Montréal. Ce chemin devroit se faire en cinq ou six jours, si l'on ne considéroit que sa longueur : les difficultés en font un voyage d'un mois & souvent de six semaines. Celui de Montréal au Lac Ontario est de vingt jours au moins, & quelquefois de quarante. En effet, d'un côté la riviere quoique fort large n'est navigable que dans une partie de son lit, qui forme un canal fort étroit : d'un autre côté le courant de l'eau est si rapide, sur-tout depuis le lieu nommé les Trois Rivieres, où cesse la marée, qu'on ne le surmonte qu'à l'aide d'un vent extrêmement favorable, sans lequel les efforts des rameurs seroient inutiles. On est même souvent obligé de tirer les barques avec des cordages le long des bords. Enfin, depuis Montréal jusques au Lac, cinq ou six cataractes formées dans le fleuve, font autant de précipices, qui forcent les voyageurs de décharger leurs canots & de les porter sur leurs épaules, ainsi que leurs marchandises.

De-là la nécessité de chercher un autre passage pour arriver à Quebec, au moins dans le tems

où

où le fleuve St. Laurent n'est pas navigable. Les François l'ont trouvé par la riviere Saint Jean, qui se jette dans la Baye Françoise. Cette riviere remonte en tout tems leurs barques jusques vis-à-vis de Québec, & comme le pays qu'elle arrose appartient à la France, celle-ci ne pouvoit le céder à la Grande-Bretagne, sans se priver elle-même d'une des portes les plus importantes du Canada. Je prouverai dans la suite qu'elle n'a point été cédée : il me suffit de faire voir aujourd'hui combien sa conservation est nécessaire.

Indépendamment de ces deux débouchés, sans lesquels le commerce de la nouvelle France devient impossible, il étoit naturel & indispensable, que le Canada & la Louisiane pussent secourir mutuellement : il étoit surtout important à celle-ci de n'être point isolée. On sçait qu'elle n'est point encore assez forte pour se soutenir seule.

Deux communications de l'une à l'autre ont toujours facilité les secours & entretenu la correspondance. L'une plus courte par la riviere d'Oyo, l'autre plus avantageuse, par les occasions de commercer qui se rencontrent sur la route, s'est faite par les Lacs, & de-là par la riviere des Illinois, ou par celle de Saint Jerôme (a).

Ce n'est pas sans les vûes les plus étendues que M. Burnet (b), Gouverneur de la Nouvelle York, fit élever en 1727. sur les bords du Lac Ontario, ce fort ou comptoir d'Oswego, contre lequel la France a protesté depuis si long-tems inutilement.

Les

(a) Autrement la riviere Ouabache. (b) Fils du célébre Docteur Burnet évêque de Salisbury.

Les Sauvages qui habitent ce pays soumis à la do-mination Françoise, alloient auparavant jusques à Montréal. Les Anglois ont trouvé le moyen de les arrêter & de leur vendre sur un terrain François, les marchandises d'Angleterre. Cette premiére entreprise, très-préjudiciable au commerce du Canada, n'étoit point encore ruineuse pour cette Colonie: mais que sera-ce si tous les débouchés sont au pouvoir de l'Angleterre? Etablissez les Anglois sur tout le bord méridional du fleuve S. Laurent, les voilà maîtres d'élever des forts vis-à-vis de Quebec & sur toute la route qui y con-duit. Quoi! il n'entrera pas une barque dans le port de Quebec, qu'elle n'ait passé sous le Canon des Anglois! Quel est d'ailleurs le négociant qui se donnera la peine d'essuyer les fatigues & les dangers de la navigation jusqu'à Quebec, s'il trouve à l'entrée du fleuve S. Laurent & dans les magasins Anglois, toutes les marchandises qu'il iroit inutilement chercher plus loin? Je dis plus? les Commandans des Forts de la Grande Bre-tagne ne seront-ils pas en état de le forcer de s'arrêter? N'est-ce donc pas assez pour les voy-ageurs, que le fleuve soit semé d'écueils, sans avoir encore à craindre les forts du rivage, plus redoutables que les rochers?

MEMOIRES
POUR SERVIR 'A
L'HISTOIRE
DE NOTRE TEMS,
PAR-RAPPORT A LA GUERRE
ANGLO-GALLICANE.

(5.)

VUES DES ANGLOIS, LEUR DESPOTISME
ET LEURS ENTREPRISES SUR MER.

JUsqu'ici j'ai supposé les deux Nations en paix. Mais que le plus léger prétexte devienne pour les Anglois une occasion de déclarer la guerre à la France, ou, ce qui leur est beaucoup plus commode, de la faire sans la déclarer; dès ce moment, quel est le vaisseau François qui pourra entrer dans le fleuve S. Laurent ou en sortir? Voilà donc la principale porte du Canada livrée aux Anglois. Elle ne s'ouvrira que par leur ordre: & quand ils le voudront, elle se refermera irrévocablement pour la France.

Les Vaisseaux de cette Nation iront-ils alors chercher le passage de la riviere S. Jean? Mais dans le systême des Anglois, cette riviere est à eux. Maîtres de son embouchure & de ses deux bords jusques à sa source, ils seront en droit d'en défendre l'entrée. Leur Canon écartera toute

E

bar-

barque étrangère. Comment permettront- ils
en tems de guerre, ce qu'en tems de paix ils feront en état de faire regarder comme une entreprife?

Le Canada fermé pour les François de l'Europe, & hors d'état de commercer avec les Isles,
confervera t-il au moins fa communication avec
la Louifiane? Cette derniere Colonie encore foible, ne peut fe pafler des fecours qui lui viennent
du Nord de l'Amérique. Mais les Anglois trouvent aujourd'hui un moyen admirable pour les
lui rendre inutiles. Ils commencent par détruire la Louifiane elle-même. Si on les en croit, la
nouvelle Orléans doit leur appartenir, elle eft bâtie fur le territoire de leurs Sujets.

Suppofons cependant, que cette prétention
foit une rêverie défavouée par les Anglois de bons
fens: je voudrois leur demander du moins, comment le Gouverneur de la nouvelle France qui
réfide à Quebec, pourra faire porter fes ordres à
la Louifiane, ou y envoyer du fecours? De tous
les Lacs, les Anglois ne laiffent à la France que le
Lac *Supérieur* & la côte occidentale du Lac *Mi-
chichan*. Tous les autres & les Détroits qui en
font la communication, appartiennent, felon eux,
à la Grande-Bretagne. Le Fort de Niagara & celui de Pont-Chartrain (*a*) étant remis aux Anglois, comment croire qu'il foit poffible aux François de pénétrer dans aucun tems jufqu'aux rivieres des Illinois, de S. Jerôme & d'Oyo? Que dis-
je? Ces deux dernieres rivieres font, fi on les en
croit,

(*a*) Autrement le Fort du Détroit.

croit, partie de leurs poffeffions, ou du moins des vaftes pays dont ils fe prétendent propriétaires. Quant à celle des Illinois, ils ne laiffent à la France, que le bord qui eft au Nord-Oueft: ils fe croyent maîtres d'élever des Forts fur l'autre bord.

Le but fecret des Anglois ne tend pas feulement à s'étendre jufqu'au Canada & dans la Louifiane, mais auffi dans la Floride. Le nouveau Mexique lui enverra-t-il des fecours? Outre qu'il fera lui-même aifément attaqué, n'étant plus défendu par la Louifiane, on fentira aifément, que l'étendue que les Anglois donnent à leur Géorgie, va les mettre inceffamment en état d'avoir fur le golphe du Mexique un port redoutable, dont les vaiffeaux intercepteront la communication néceffaire entre les Etats foumis à Sa Majefté Catholique.

Peut-être trouvera-t'on que je porte mes conjectures trop loin. Mais, qui peut tout ofer, met en droit de tout craindre. Les Efpagnols n'ont-ils jamais fait réflexion, que tous leurs gallions qui reviennent de *Porto-Bello* & de la *Vera-Cruz*, côtoyent les bords du golphe de Mexique, & viennent enfuite paffer dans le canal de *Bahama*, entre l'Isle de la Providence, qui appartient déja aux Anglois, & les Côtes de la prefqu'Isle de la Floride, dont il ne tiendra qu'à eux de s'emparer? Joignons à cet avantage celui qu'ils tireront des ports que nous verrons inceffamment s'ouvrir dans cette partie des Côtes, qui font entre la Baye de Penfacola & celle des Apalaches. Voilà les Anglois arbitres du commerce

de

de l'Espagne, & maîtres de s'emparer, quand ils le voudront, de toutes ses richesses. Tout annonce ce plan, & son éxécution est une suite infaillible du succès de leurs prétentions.

Mais sans lire dans l'avenir des malheurs que l'Europe peut empêcher, contentons-nous, d'envisager l'état présent des choses. La Nation la plus puissante dans l'Amérique septentrionale, est sans doute la Nation Angloise. Qu'elle conserve, rien n'est plus juste, des richesses dûes à l'industrie la plus active, & au zéle le plus infatiguable. Elles doivent être l'objet de l'émulation des peuples, jamais le sujet de leur jalousie. Tant que le commerce des Anglois sera renfermé dans les bornes de la justice prescrites à sa circulation, ce sera un fleuve majestueux qui portera partout l'abondance. S'il passe une fois ces limites, à la garde desquelles toutes les Nations ont tant d'intérêt de veiller, ce sera un torrent impétueux, capable de tout renverser. Qui peut douter que les François, les Espagnols & les autres Peuples commerçans, ne doivent aujourd'hui se réunir pour lui servir de digue? Empêchons-le d'inonder le Nord, ou soyons sûrs qu'il se débordera bientôt au Midi.

J'ajoute ici une observation qui mérite bien d'être pesée. Si le plan que je viens de développer n'étoit qu'un phantôme, pourquoi tant d'efforts de la part des Anglois pour justifier les craintes de l'Europe? Ils ont trouvé le moyen de mettre de leur côté les procédés les plus indignes & les plus violens. Seroit-ce uniquement pour s'ems'emparer d'un pays qui ne vaut pas pour cette Nation les frais de l'armement d'un vaisseau ? L'Angleterre a déja dépensé en préparatifs de guerre des sommes énormes. Pourquoi tout cet appareil ruineux ? A qui persuaderont-ils que des travaux immenses, des injustices criantes, des infidélités odieuses, n'ayent pour objet que la possession de ces pays ingrats qui sont entre les monts Apalaches & la riviere d'Oyo ?

Que diroient les auteurs de toutes ces entreprises, si le Parlement leur demandoit compte absolument des sommes qu'elles ont coûté, & les obligeoit de prouver l'utilité de leur emploi? Disons-le hardiment, la prétention des Anglois est le comble ou de la folie ou de l'injustice. Leur conduite doit être regardée ou comme l'effet impétueux d'une fougue aveugle, que l'on pardonne au peuple, mais qu'un ministère sage doit réprimer, ou comme un de ces projets monstrueux contre lesquels tous les peuples doivent se liguer. Donnons-leur le choix de l'alternative ; mais en attendant qu'ils s'accusent eux-mêmes de folie, qu'il nous soit permis d'appercevoir dans leur plan, des vûes, de la conduite, un but fixe vers lequel on avance constamment. Si ce plan tend à la ruine de leurs voisins, il peut être bien concerté, mais il ne peut être juste. Il le paroîtra bien moins, lorsqu'en le comparant aux loix reconnues par toutes les Nations, j'aurai occasion d'examiner les titres sur lesquels le Gouvernement Anglois ose appuyer ses prétentions.

E 3

Si

Si l'on jugeoit en effet de la Nation Angloife par le fpectacle que fa conduite donne aujourd'hui à l'Univers, ne feroit-on pas tenté de croire, qu'elle fait confifter fa liberté à s'élever au-deffus des principes de la Morale & de la Juftice, & qu'elle met au nombre de fes droits les plus honorables cette licence effrenée, qui fit autrefois détefter les Barbares du Nord? J'ajoutetois encore, pour m'excufer auprès de ceux qui trouveroient que je ferre de trop près les Anglois, que la lumiere ne peut ni ajouter à la difformité des objets, ni altérer leur beauté. Elle ne les change point, elle ne fait que les montrer.

Je veux cependant fatisfaire à la délicateffe louable de ceux qui exigent qu'on aye certains égards même pour les Nations ennemies, & j'y fuis d'autant plus obligé, que mes engagemens me mettent dans la néceffité de produire au plein jour de la verité une fuite de faits, qui doivent véritablement affliger ceux qui s'intéreffent à la gloire de l'Angleterre. Qu'on ne s'imagine donc point, que je me propofe pour but l'odieux plaifir d'invectiver contre les Anglois. Plus la paffion paroît les emporter, plus on leur doit l'exemple de la modération. En oubliant les devoirs de juftice, ils ne donnent à qui que ce foit le malheureux privilége de s'écarter de ceux de bienféance. D'ailleurs je ne fuis ni l'ennemi de l'Angleterre, ni le défenfeur des droits de la France. C'eft en Philofophe, c'eft en politique impartial, c'eft en citoyen du monde, que j'apprécie l'intérêt des Nations: c'eft en homme, que je prends

la

la liberté de juger de ce qui me paroît juste ou injuste dans la conduite des hommes. Des faits certains, que je vérifie avec la plus scrupuleuse exactitude, & dont je ne viens à bout de me convaincre qu'avec douleur, sont la base de mes réfléxions: elles sortent du sujet, & je crois moins exprimer ce que je pense, que ce que tout esprit raisonnable pense comme moi.

Après toutes ces précautions, je veux bien encore déclarer, que je n'attribue point à tous les Anglois les excès auxquels le gros de la Nation semble aujourd'hui poussé par des manœuvres, qui tôt ou tard se dévoileront. Je fais plus, je distingue deux Nations en Angleterre: l'une qui forme actuellement le très-petit nombre, est celle des sages. Le prestige ne peut rien sur elle. Egalement éloignée de l'esclavage & de la licence, elle ne veut maintenir les Loix que par les Loix mêmes, & ne peut consentir à sacrifier l'intérêt & la gloire solide à l'illusion des projets. Juste dans ses vûes, mesurée dans ses démarches, elle laisse courir devant elle la foule qui se précipite. Par-là elle retient en quelque façon l'Etat qui est entraîné. Elle suspendra toûjours sa ruine, si elle ne peut l'empêcher. Voilà les véritables Anglois. Dignes de la considération qu'ils se sont acquise dans l'Europe, ils sont l'appui de leur Patrie, qu'ils honorent; ils en composent la plus saine, mais malheureusement la moindre, & peut-être aujourd'hui la plus foible partie.

E 4

Il

Il est en Angleterre une autre Nation, si pourtant on peut donner ce nom à cette multitude inconsidérée, qui se laisse emporter par l'opinion, & subjuguer par la haine. Assemblage tumultueux de toutes sortes de partis différens, mûs par diverses intrigues, dont les chefs ont chacun leur intérêt particulier, ce n'est point une Nation qui consulte, qui réfléchit, qui délibere; c'est un peuple qui crie, qui s'agite, qui demande la guerre, qui n'en connoît ni les vrais motifs ni les suites nécessaires, qui s'extasie devant un plan vaste & impossible, qui s'enivre de l'idée d'un commerce universel & exclusif, qui voit déja celui de la France anéanti, ses ports détruits, la Grande-Bretagne seule reine des mers, &, comme le disent fort bien les Ecrivains gagés pour le flatter, seule maîtresse des deux mondes. Pour éxécuter ce projet chimérique, pour réaliser ce phantôme vuide & brillant, toute voie est bonne, si elle paroît y conduire : tout moyen est légitime, s'il est apparent ; les loix ne sont rien, la force peut tout, elle est le droit des Sociétés. Voilà les rêves; disons mieux, voilà le délire de ce peuple effrené : sont-ce-là les Anglois? Non, je ne fais point injure à la Nation, en excitant l'indignation contre des excès qu'elle désavouera, dès qu'elle sera rendue à elle-même.

Qu'on se rappelle donc, que toutes les fois que je parle des Anglois pour peindre leurs torts & leurs injustices; je n'entends désigner que cette portion de la Nation, qui fait elle-même à la Nation entiere l'injure de se confondre avec el-

le,

le, de prendre fon nom, d'ufurper fes droits, &
de décider de fon fort.   C'eft cette multitude
aveugle, pouffée plûtôt que conduite par des
guides fougueux & infidéles: c'eft elle, dis-je,
dont je veux rappeller fous un feul point de
vûe les dernieres démarches.

Je me flattois de continuer ici mes réfléxions fur fes prétentions.   Je me vois engagé à m'arrêter encore à confidérer fes procédés.
Puiffent-ils être effacés des faftes de la Grande-
Bretagne, & ne pas fouiller aux yeux de la po-
ftérité la gloire d'un peuple né généreux & digne
d'une meilleure réputation ! Je n'ai garde de
vouloir, en parlant de fa conduite actuel-
le, fixer dans les efprits la véritable idée que
l'on doit prendre de fon caractere.   Un pein-
tre choifiroit mal fon tems, fi pour faire le portrait d'un homme, il prenoit le moment où il
eft en proïe aux accès d'une fiévre violente. Oui,
c'eft la fiévre de la Nation, dont je veux achever de décrire les fymptômes.

On fe rappellera fans peine, le premier acte
d'hoftilité commis fur mer par les Anglois, &
la prife des deux vaiffeaux François, l'Alcide &
le Lys.   Il n'étoit pas facile de juftifier un acte
fi contraire au droit des gens, & je crois que
l'Angleterre elle-même fut d'abord étonnée de
la réfolution hardie, que fes Miniftres venoient
de prendre.   L'Amiral Boskawen lui-même
trouvoit peu glorieux pour lui d'être le premier
pirate de la Grande-Bretagne.   Il crut fe donner un air de modération & de juftice, en faifant

E 5

dire

dire & en difant lui-même aux Pêcheurs François, qu'il ne venoit ni troubler leurs travaux, ni interrompre leur commerce; qu'ils pouvoient continuer leur Pêche fans inquiétude, & que de fon côté il n'attaqueroit que les vaiffeaux chargés de fecours pour le Canada & pour l'Isle Royale. Cette déclaration fut portée de fa part au Gouverneur du Cap Breton par deux bateaux Pêcheurs rentrés à Louisbourg.

J'admirois, il eft vrai, cette diftinction peu perfuafive. La faculté de tranfporter des hommes en Amérique me paroiffoit tenir autant à l'éxécution des traités, que la liberté de la Pêche. Je ne pouvois concevoir que l'on fe crût en droit d'attaquer fans déclaration de guerre les Colonies Françoifes du nouveau monde, & que l'on pût fe plaindre de ce que l'on y envoyoit des fecours de l'Europe. Le Gouvernement Anglois fembloit en effet dire à la France : Attendez, on n'en veut encore qu'à vôtre bras, le corps auroit tort de fe plaindre ou d'agir.

Les Anglois ont eux-mêmes fenti, que ce raifonnement ne frapperoit perfonne, & que le bras feroit toûjours regardé comme faifant partie du corps. En conféquence ils font devenus pirates de bonne foi, & au bout de deux mois ils fe font mis tout uniment à écumer les mers. Chaque Chef d'Efcadre eft devenu un Forban redoutable aux Marchands, aux Pêcheurs, aux Paffagers. Avec cela les Anglois difent : Ce n'eft point la guerre que nous faifons : ils ont raifon ; c'eft un brigandage.

Il étoit naturel que l'Amiral Boskawen en donnât le signal & l'exemple. Vers le milieu du mois d'Août, il oublie la promesse qu'il a faite dans le mois de Juin. La sécurité qu'elle a inspirée lui répond du succès de ce premier exploit. Il détache plusieurs Fregates & leur ordonne d'aller s'emparer de toutes les barques des Pêcheurs François. Ceux-ci répandus sur le grand Banc de Terre-neuve & le long des côtes Septentrionales de cette Isle, comptoient encore & sur la foi publique & sur la parole de l'Amiral Anglois. Quel est leur étonnement, lorsqu'au moment où ils s'y attendent le moins, ils se voyent environnés & attaqués de toutes parts ? Ceux qui étoient sur la gréve se jettent en désordre dans leurs barques, & laissent aux Anglois leur poisson & leurs filets. Ceux-ci fiers du peu de résistance qu'ils éprouvent, s'applaudissent de leur proie. Ils poursuivent avec fureur les barques qui se dispersent. Quelques-unes sont arrêtées & conduites en triomphe dans les ports des Colonies Angloises. Celles qui peuvent gagner le large n'en tombent qu'un peu plus tard entre les mains de ces nouveaux Corsaires : obligées de relacher dans leurs trajets, elles sont pour la plûpart prises aux atterrages. Tel a été un des premiers succès de l'Angleterre. Quel est le Poëte de cette Nation qui osera le célébrer ? Quelle Médaille sera destinée à en faire passer le souvenir aux siécles futurs ?

Depuis cette époque peu brillante, les Escadres Angloises n'ont rencontré aucun Navire Fran-

François qu'elles ne lui ayent donné la chasse, sans distinguer ni le lieu ni la destination. On diroit que des Barbares inconnus jusqu'ici aux Nations de l'Europe, ont emprunté les vaisseaux de la Grande-Bretagne, & que la mer est en proie à leurs rapines. Le paisible commerçant est arrêté par des vaisseaux qui l'attaquent sous pavillon François: le Voyageur qui n'a point encore entendu parler de guerre, est surpris de trouver des ennemis dans l'Océan ; il demande au Corsaire qui le dépouille, quel est le peuple dont il se doit regarder comme prisonnier. Pendant ce tems-là on voit arriver de toutes parts dans les Ports d'Angleterre des vaisseaux de cette Nation, traînants à leur suite des Batimens François chargés de riches marchandises. Le Gouvernement autorise le pillage, en attendant que le Parlement décide s'il est permis.

Entrerai-je ici dans le détail de toutes ces victoires dignes du célébre Morgan (*a*)? Je ne pourrois que recueillir ce qu'en ont dit les Gazettes. Les Ecrits publics de Londres donnent & enflent même la liste de ces prises. On diroit qu'elles sont autant de trophées que la Nation Angloise se hâte d'exposer aux yeux du monde entier.

Contentons-nous donc de quelques anecdotes qui pourront nous mettre à portée d'examiner

de

______

(*a*) Fameux Pirate Anglois, que le Gouvernement autorisa d'abord, qu'il récompensa même, & qu'il punit ensuite, parce qu'enfin la Nation eut honte de ses excès. Il mourut en prison à Londres sur la fin du dernier siécle.

de nouveau la justesse du parallele que j'ai fait de Londres & d'Alger.

On a sans doute entendu parler de ce Navire de Bordeaux, qui chargé de boissons pour Dunkerque, se trouva, vers le milieu du mois de Septembre, obligé de relacher à Portsmouth, après une longue route & toutes les fatigues du mauvais tems. Le Capitaine ignoroit encore qu'il eût à craindre d'autres ennemis que les vents & les écueils. Tranquile sur la foi publique, il se croyoit en sûreté dans le port d'une Nation qui n'a point déclaré la guerre.

..... Littusque rogabat
Innocuum, & cunctis undamque auramque patentem (a)

Mais à peine a-t-il mis son Vaisseau à l'abri des tempêtes, qu'il se voit assailli par des brigands qu'il a peine à reconnoître. Arrêté sur son bord, il croit presque s'être trompé des côtes. Il apprend avec surprise qu'il est prisonnier des Anglois, & personne ne peut lui dire s'il est prisonnier de guerre. Combien de fois il a depuis regretté les dangers de la Mer ! Qui pourroit le blâmer de s'être rappellé quelquefois un vers d'Horace, qui malheureusement n'est que trop bien appliqué dans ce moment :

Visam Britannos hospitibus feros.

Que peut'on penser d'un autre fait aussi avéré que celui-l., & qui prouve que dans ce brigandage si extraordinaire, (le dirai-je?) les Anglois ont mis à peu près la même police qui regne entre des voleurs d'une même bande ?

L'on

_____
(a) Virg. Æneid. 7.

L'on sçait que lorsqu'un voyageur tombe entre les mains de quelques-uns de ces honnêtes gens, & qu'ils jugent à propos de lui laisser la vie & l'habit, ils lui donnent une marque qui doit lui servir de passeport sur le reste de la route, & certifier aux autres bandits de la troupe, que le porteur a été bien & dûment volé. Voilà précisément, l'honnête procédé que les Anglois ont eu pour un Vaisseau de Grandville, qui revenoit de la pêche de la morue & s'en retournoit à Marseille. Il fut rencontré le 26. Septembre 1755. vers les Açores par une frégate Angloise qui l'arrêta. Soit que le Capitaine de celle-ci n'eût pas assez d'hommes sur son bord, pour le faire conduire en Angleterre, où il avoit déja envoyé plusieurs prises, soit qu'il voulût n'associer personne à cette derniere proye, il éxigea du Capitaine François une rançon de 40000. livres. Elle fut payée sur le champ en lettres de change, & l'Anglois donna un billet de rançon, dans lequel il refusa il est vrai, & pour cause, d'exprimer la somme à laquelle il l'avoit fixée, mais dont il exhorta le François à faire usage s'il rencontroit d'autres ennemis. Celui-ci n'eut garde d'y manquer. Il trouva dans la Méditerranée d'autres frégates Angloises qui faisoient le même métier. Le passeport fut exhibé, & les Anglois eurent la modération de décider que, suivant les loix de la piraterie, on ne pouvoit pas en conscience dépouiller deux fois le même marchand. Ce Fait, & les autres que j'ai recueillis, sont constatés par des décla-

clarations en bonne forme, reçues aux Greffes
des Admirautés.

Je passe sous silence une foule d'autres avan-
tures de même genre : mais je n'en puis taire
une qui prouve que l'injustice n'a point enco-
core gagné tous les cœurs : heureux de pouvoir citer un Anglois qui sçait résister au torrent, & sur qui l'humanité conserve ses droits.
Si dans une nuit obscure la moindre flamme
paroît éclatante; au milieu d'une dépravation
générale, la justice devient presque une géné-
rosité digne de nos applaudissemens. Ne les
refusons point au Gouverneur de l'Isle Angloise de Guernesey : du moins ne le confondons
point avec ses compatriotes, & rendons justice
à ses sentimens. Le 17. Octobre 1755. un
Navire de Grandville vint mouiller devant son
Isle : M. le Gouverneur reçut avec politesse le
Capitaine, il lui offrit même les refraichisse-
mens dont il pouvoit avoir besoin ; mais il
crut ne devoir pas l'engager à faire un long sé-
jour à Guernesey. „ Monsieur, lui dit-il, je
„ n'arrête point ici les bâtimens François : ils
„ sont libres dans ce port, parce que les na-
„ vires de Guernesey le sont aussi dans les vô-
„ tres. Je ne sçai point faire la guerre en tems
„ de paix ; cependant je vous conseille de sor-
„ tir bien-tôt d'ici. Nous attendons une Fré-
„ gate Angloise, dont le Capitaine pourroit bien
„ avoir d'autres principes que les miens. Je
„ ne crois pas que votre intention soit de la
„ rencontrer en sortant d'ici, & je ne vous
„ ex-

„ exhorterai point à l'attendre". Le Capitaine François ne se le fit pas répéter : il partit fort content du Gouverneur ; mais comme il n'avoit pas eu le tems d'attendre un vent plus favorable, il eut le malheur d'échouer dans la rade. La Frégate arriva, le surprit & s'empara de son Vaisseau. Un Officier & quelques Matelots qui ont trouvé le moyen de se sauver de Guernesey à saint-Malo, ont publié le détail de cette avanture.

Est-ce par une telle conduite que l'Angleterre se flatte de devenir l'arbitre de l'Europe? Voilà cependant ce que l'on ose appeller des avantages sur la France, ce que l'on égale presque à des victoires, ce que l'on veut en un mot faire regarder comme la preuve la plus certaine de la supériorité de la Grande-Bretagne sur les autres Nations. *Quæ alia vita esset*, diroit encore aujourd'hui Sénéque, *si leones ursique regnarent* (a)?

(a) Si les ours & les lions étoient sur le Trône, la Société auroit-elle d'autres mœurs?

MEMOIRES
POUR SERVIR A
L'HISTOIRE
DE NOTRE TEMS,

PAR-RAPPORT A LA GUERRE
ANGLO - GALLICANE.

(6.)

REFLEXIONS SUR LA CONDUITE TE-NUE EN ANGLETERRE, ET SUR LA HA-RANGUE DU ROI VERS LA FIN DE 1755.

JE ne suis pas étonné, qu'un peuple cherche à s'élever au-dessus des autres : la gloire est l'idole des particuliers mais elle est presque la divinité des Nations. Ce que je ne puis comprendre, c'est que des hommes destinés à gouverner des Etats, croyent appercevoir la gloire où la raison ne voit que l'injustice. Le vol & l'assassinat qui menent le simple citoyen au dernier supplice, sont-ils des vertus, lorsqu'ils sont avoués par l'autorité publique ? Quels principes monstrueux que ceux sur lesquels doit être appuyé un plan dont l'éxecution choque également la loi naturelle, la foi des Traités, les bienséances les plus communes !

F

J'aime

J'aime à opposer à cette idée que la Nation Angloise semble vouloir nous donner de son système, des modéles pris parmi ces peuples barbares qui vivoient dans les forêts de la Germanie. Tacite nous trace le portrait des Cauques, qui habitoient entre l'Elbe & l'Ems. Que les Anglois le lisent, & qu'ils rougissent de leurs procédés. „ Cette Nation, dit l'Historien (a) „ l'une des plus illustres de la Germanie, ne „ soutient sa grandeur que par la justice de „ ses démarches. Sans ce désir immodéré d'ac- „ quérir, sans cette ambition qui aveugle, „ tranquiles & séparés des autres peuples, ils ne „ provoquent point la guerre, ils ne connois- „ sent ni les rapines, ni les brigandages; & la „ plus grande preuve de leur courage & de leurs „ forces, c'est que pour devenir supérieurs „ aux autres peuples, ils n'ont jamais eu recours „ à l'injustice. "

Achevons avec les couleurs les plus sombres, un tableau bien différent de celui-ci. Oui, il m'en coûte pour le finir. On pensera, comme moi, que si la dépravation des principes annonçoit toujours la chûte des Empires, l'Angleterre seroit aujourd'hui menacée d'une révolution funeste.

Les

(a) *Populus inter Germanos nobilissimus, quique magnitudinem suam malit justitiâ tueri; sine cupiditate, sine impotentia, quieti, secretique, nulla provocant Bella, nullis rapinis aut latrociniis populantur; idque præcipuum virtutis ac virium argumentum est, quod ut superiores agant, non per injurias assequuntur. Tac. Germ.* 33.

Les Anglois conviennent qu'il n'y a point de guerre déclarée entre la France & la Grande-Bretagne. Ils n'ont encore osé décider que tout le butin qu'ils ont fait fût de bonne prise. De là il suit, qu'au moins tous les François arrêtés sur les vaisseaux dont les Anglois se sont rendu maîtres, devroient jouir en Angleterre de toute la protection des loix. Mais supposons les hostilités légitimes, & la Nation Britannique dégagée des liens des Traités; il en est un éternel & irrévocable entre les hommes. Il subsiste lorsque tous les autres sont détruits : & comme il n'est point l'effet d'une convention , aucune convention contraire ne peut y déroger ni l'anéantir. Je parle de l'humanité , cette première loi de toutes les ames , & à qui la nature humaine n'a donné son nom que parce qu'elle est écrite dans tous les cœurs. C'est cette loi fondamentale de toute Société , qui est aujourd'hui violée. L'attrait qui nous porte à la suivre est regardé comme le partage des cœurs lâches , & des esprits foïbles.

Qu'on se représente les Vaisseaux de la France conduits dans les Ports de la Grande-Bretagne. Au moment qu'ils arrivent, on commence par livrer au pillage les vivres & les provisions. Les Officiers & les Passagers exposés aux traitemens les plus indignes , sont dépouillés avant que de débarquer. Réduits, en arrivant, à la misere la plus affreuse , ils ont de plus à essuyer l'insulte, plus cruelle que la dureté. Tout ceci n'est rien encore.

F 2

Il est une espéce d'hommes nécessaires à un Etat commerçant, & que l'Angleterre envie à la France. C'est cette foule de Matelots qui servoient sur les vaisseaux qui ont été pris. Il semble que les Anglois les regardent comme des victimes, dont l'intérêt national demande la mort. Que la justice reprouve ce procédé odieux, que l'humanité en soit révoltée ; c'est ce que l'on ne juge pas digne de la plus legere attention.

On enferme ces malheureux dans des vaisseaux gardes-côtes. Là entassés les uns sur les autres, jusqu'à ce que le bâtiment n'en puisse plus contenir un seul, ils ne reçoivent pour toute nourriture qu'une très-petite raison de biscuit gâté, & de salaison corrompue. Le vice de ces alimens, le mauvais air de cette prison infecte, ont bien-tôt occasionné des maladies de toute espéce parmi ces misérables, déja harassés par le travail & les fatigues de la mer. En peu de tems le vaisseau ne présente plus qu'un affreux spectacle de malades & de mourans, couchés pêle mêle, & rampans dans la fange. On diroit que la destruction de tous ces infortunés est le but que se proposent les Anglois chargés de pourvoir à la subsistance des Matelots François (car je n'ose pas soupçonner le Gouvernement Britannique d'être complice de pareils excès d'inhumanité. (En effet, le croiroit-on : On leur refuse dans cet horrible état les secours qu'une simple compassion naturelle nous fait accorder aux bêtes que nous voyons souffrir.

Quel-

Quelques Capitaines François ont offert d'envoyer à leurs frais un Chirurgien dans ces prisons; on n'a répondu à leur pitié que par des refus. Deux Matelots étoient à l'agonie: le Capitaine de leur vaisseau a demandé qu'il lui fût permis de les faire transporter sur son bord pour leur procurer au moins quelque soulagement; il n'a pû obtenir cette grace. La mort seule ou la desertion peut arracher ces malheureux à la véxation.

Quod genus hoc hominum, quæve hunc tam barbara mortem,
Permittit patria? ...   Virg. 1. Æn.

Après cette peinture, qui n'est que trop vraie, parlerai-je des mesures efficaces que les Anglois croyent avoir prises pout faire périr les vaisseaux François dans les ports où on les laisse, pour ainsi dire, abandonnés de tout secours? On a paru les confier à la garde de leurs Capitaines; mais ceux-ci ont envain demandé qu'on leur donnât au-moins pour la manœuvre cinq ou six hommes de leur équipage. On ne leur en a accordé qu'un seul, ou deux tout-au-plus. De-là la perte de trois batimens qui ont échoué dans le port de Plimouth, & que l'on avoit affecté de ne point amarrer. Les autres, exposés à périr au premier coup de vent n'ont pû qu'avoir bientôt le même sort. Je supprime ici toute réfléxion. Je demande seulement ce que feroit l'Angleterre, si elle étoit en guerre ouverte avec la France? à quelles extrémités se porteroit-elle donc si elle avoit à vanger des injures ou à repousser des hostilités?   F 3   Qu'on

Qu'on life les écrits qui paroiffent à Londres: les maximes avancées par les Auteurs répondent à la conduite du Gouvernement. Ce ne fera plus feulement le climat, ce feront les circonftances qui détermineront la regle des actions des hommes. Il ne s'agit plus de la juftice ou de l'injuftice des prétentions des Anglois. Ils n'ont pas befoin de titres, ils ont des vaiffeaux. Que leur importe que la raifon combatte contre eux; ils fe flattent d'avoir de leur côté la force & la fortune. „ Il ne tient qu'à nous, di„ fent-ils dans des ouvrages publics, d'anéan„ tir la Marine des François, de ruiner leur „ commerce, & de ravager leurs côtes. Leur „ commerce détruit, ils n'auront plus de quoi „ payer leurs Armées.“ Seroit-ce-là déformais la politique de la Grande-Bretagne? Eft-il poffible que l'on ne s'apperçoive pas, que fi ces principes deftructeurs entrent quelquefois dans les exhortations que fe font entre eux des brigands, du moins une nation policée qui ofe les fuivre, ne peut les avouer fans imprudence? *Ipfius! (Anglia) proprias leges imploremus*, diroit aujourd'hui Grotius, en s'adreffant à tous les Souverains: *id fi nihil juvat, & eos quos certa ratio convincit, cupiditas vetat defiftere; veftram, Principes, majeftatem, veftram fidem quotquot eftis ubique, Gentes, imploramus.* (a)

Ce

(a) Ce font les propres loix (de l'Angleterre) que nous invoquons aujourd'hui. Si elles nous font inutiles, & fi convaincus par certaines raifons, nos ennemis fe déterminent à ne fuivre que leur ambition & leur avidité; Souverains! c'eft à vous que nous nous

Ce cri du citoyen, par lequel ce vertueux politique, ce vrai patriote, reveilloit autrefois le zéle des Nations contre des injustices moins criantes que celles dont la Hollande elle - même doit aujourd'hui craindre les suites : c'est encore à ces sages Républiquains, à le faire entendre jusqu'aux extrémités de l'Europe. Quelle gloire pour eux, s'ils peuvent lui prouver que leur attachement pour l'Angleterre n'a été jusqu'ici ni l'effet de leur foiblesse, ni le sacrifice de leur liberté ? Ne feront-ils jamais connoître à la France, qui favorisa de toutes ses forces cette liberté naissante, que si des liaisons d'un intérêt légitime les ont rendu les amis de l'Angleterre ; jamais la crainte ne pourra les rendre leurs esclaves : & que leur alliance, honorable à tous les peuples, n'eut jamais pour but que leur tranquillité & le maintien des loix sur lesquelles elle est appuyée ?

Jamais le Parlement de la Grande - Bretagne ne s'assembla dans des circonstances plus intéressantes pour la Nation qu'il représente. Du parti qu'elle prit ne peut que sortir une chaîne d'événemens dont elle n'est plus la maîtresse d'arrêter le cours, & qui tôt ou tard lui seront funestes. Elle prend pour une prospérité réelle ce qui n'est que l'ombre du succès. Quelle est la Nation qui ne puisse, lorsqu'elle le voudra, faire redouter ses brigandages ? Mais cette violence mê-

F 4

me
adressons : Nations répandues sur la terre, nous reclamons cette foi publique dont vous êtes les dépositaires & les garants. *Grot. de Mari liber. Ep. ad princip. & pop.*

me prouve la foiblesse d'un Etat qui n'est mis en mouvement que par la fougue du peuple. La France a gardé un tems le silence ; mais ce silence n'étoit point une inaction : il ressemble à la modération du sage & non à la patience du foible. A peine le gouvernement François a lâché sur l'Océan cette foule d'Armateurs, qui étoient prêts à partir au moindre signe, bientôt les prises ont été plus qu'égales de part & d'autre, avec cette différence néantmoins que l'Angleterre employa ses vaisseaux de guerre au pillage, au lieu que la France reserva ses Flottes pour la guerre.

Au reste, cette voie irréguliere de repousser le brigandage par le brigandage, n'entra qu'à regret dans le plan d'une Nation, qui se fait gloire d'être l'amie des loix, & de donner l'exemple des procédés. Elle suspendit la vengeance qui lui étoit dûe. On voit qu'elle n'en est pas moins terrible, pour avoir été quelque tems différée ? N'est ce donc rien pour un peuple qui fait quelque cas de sa réputation, de commencer par rendre l'Europe entiere juge & témoin de sa modération, de la droiture de ses vûes, & de la nécessité où il a été enfin de faire éclater son ressentiment ?

Je crois connoître la France, je calcule ses forces, je vois de près ses ressources. Il en est une qui la rend de beaucoup supérieure à l'Angleterre. Je vas étonner les Anglois à qui l'on pourra faire lire ceci ; j'entens par cette ressource la disposition des peuples, & le zèle qu'ils ont pour la gloire & pour l'intérêt de l'Etat.

tat. On s'imagine quelquefois, qu'après les anciens Romains la Nation Angloife eft celle qui a porté le plus loin l'amour de la Patrie. On me permettra de n'en rien croire. Cet enthoufiafme, auquel la plûpart des Anglois donnent ce beau nom, eft une efpéce de fanatifme, qui ne leur laiffe ni affez de lumiere, ni affez de réfléxion pour connoître le véritable avantage de l'Etat. Ils n'aiment à proprement parler, ni le Gouvernement, ni leur Souverain. Tel Anglois déclame contre les François, qui les remercie dans le fond de fon cœur, de ce qu'ils fe font emparés de l'Electorat de Hanovre, & qui leur pardonnent aifément des avantages qui convainquent le Miniftere de Londres d'avoir pris un mauvais parti ou de fauffes mefures. Ainfi chacun fe fait une Patrie à fon gré, ou plûtôt un phantôme, que fon imagination fubftitue au Gouvernement actuel qu'il décrie, & le mot d'intérêt public fe prend en autant de fens qu'il y a de Sectes de Politiques : car dans ce pays-là, prefque tout eft fecte & parti. De là ce zèle aveugle, fougueux & inconftant. C'eft une flamme vive & rapide, mais elle s'éteint au moindre vent; un petit fuccès met l'Angleterre en feu, le moindre revers lui enleve prefque jufqu'à fa chaleur naturelle.

Chez les François au contraire, la Patrie n'eft point une idole pour laquelle on fe paffionne. On l'aime, mais comme on s'aime foi-même, fans emportement & fans fureur. Eft-elle attaquée? l'attachement qu'elle infpire fe reveille

F 5

par-

partout & de la même maniere : uniforme dans tous les cœurs, il ne prend la teinture d'aucun parti, & le mot de bien public excite la même idée dans tous les esprits.

Les François d'ailleurs aiment leur Prince, & l'attachement qu'ils ont pour lui se confond avec celui qu'ils doivent à l'Etat. Ils ne regardent point la Royauté comme un poids énorme, toujours prêt à écraser la République. La liberté Angloise est fiére & soupçonneuse. La liberté Françoise se repose sur les Loix, & se confie au Souverain qui la protége. De-là la constance & la durée d'un sentiment qui ne peut égarer, parce que l'objet en est stable & toujours également apperçu.

Ne voit-ton pas, par exemple, qu'en Angleterre les subsides sont le fruit de certains accès violens que le Ministère a soin d'exciter ? On diroit que l'on veut enyvrer la Nation pour la dépouiller plus facilement. Le Gouvernement compte peu pour cela sur l'amour de la Patrie. Il lui faut encore la haine contre la France, vieux ressort que sa politique a soin de tenir toujours tendu, & qui devroit être usé depuis que l'on s'en sert.

Chez les François, au contraire, les impôts sont payés par un zèle plus pur, plus tranquille, plus durable. C'est un fonds inépuisable, dont les revenus n'étant point le fruit de la passion & de l'emportement, augmentent toujours en proportion avec les besoins. Un leger désavantage suffit quelquefois à Londres pour tarir la source

des

des subfides. En France le plus grand malheur ne feroit qu'avertir le peuple de la néceffité d'un fecours plus abondant. Qu'il foit convaincu que la guerre eft juftice, on le verra réparer fes pertes en moins de tems que le Gouvernement Anglois n'en met à exciter fous main tous ces petits intérêts, qui tiennent lieu de véritable zèle.

Je pourrois pouffer plus loin le parallele, & parcourir même succeffivement toutes les forces de l'un & de l'autre Royaume. Peut-être en aurai-je l'occafion dans la fuite. J'aime mieux pour aujourd'hui examiner la queftion la plus embaraffante que l'on puiffe faire à un homme qui n'eft point prophéte: Savoir, fi le Roi d'Angleterre veut la guerre ou s'il fouhaite la paix ? c'eft la Harangue qu'il a faite à fon Parlement vers la fin de 1755. qui a fait mettre ce Probleme en queftion. Tout eft ici conjecture, & conjecture très-incertaine, hors un feul point qui eft clair : Le Roi d'Angleterre veut des fubfides.

J'ai lû & relû cette Harangue, que l'on attendoit avec empreffement, Je la crois plus travaillée qu'elle ne le paroît. Chaque terme en eft reflêchi, & je la regarde prefque comme un chef-dœuvre d'adreffe & de politique: pour la fincérité, Sa Majefté n'a pas crû la devoir à fon peuple dans ce moment. Son Difcours reffemble à ces oracles, dont le véritable fens ne fe développe qu'après l'événement : il parle à tous les efprits fans fe livrer à aucun. Il flatte la paffion, & ne promet pas de la fuivre. Il laiffe quelque efpoir à la prudence, & ne s'oblige

ge point à le remplir. Il ne contient aucun détail de faits, pour laiſſer une plus vaſte carriere
à l'imagination qui les ſupplée : en ſe plaignant
que la France n'a fait aucunes propoſitions , il
paroît l'inviter à en faire. Enfin, quelque parti
que prenne la Nation ; ſi elle eſt entraînée à la
guerre, le Roi dit, Je l'y ai conduite ; ſi elle
ſe rend à ſes véritables intérêts & demande la paix,
il pourra dire encore, Je lui avois annoncé mes
diſpoſitions pacifiques.

Pour moi, qui ſuis plus vrai que politique,
& qui ai toujours imaginé que des hommes faits
pour conduire les peuples , ne pouvoient leur
parler trop clairement , j'avouerai que j'atten-
dois quelque choſe de plus, du diſcours d'un
grand Roi, prononcé dans une auſſi auguſte
Aſſemblée. Ne devoit-il pas au moins à la Nation Angloiſe, un Expoſé ſimple des faits qui
peuvent ſervir de motifs à l'importante déciſion
qu'il lui demande? Aux raiſons tirées de l'intérêt de l'Etat ſe joignoient même dans cette circonſtance ceux de l'honneur de la Nation.
Elle n'en eſt plus dans les termes d'une délibération ſur des projets à ſuivre, ou ſur des
partis à prendre. Il s'agit de légitimer des pro-
cédes dont la France ſe plaint hautement, &
dont les Anglois de bonne-foi avouent du moins
l'irrégularité. Il n'eſt plus poſſible de le diſſi-
muler, il eût été plus honorable pour les Anglois de déclarer injuſtement la guerre, que
d'embraſſer le vil & funeſte métier de Corſaires.
Mais s'il n'eſt pas poſſible de juſtifier ce genre
d'ho-

d'hoſtilités, ne devoit-on pas du moins chercher à les rendre moins odieuſes, en peignant
ſous des traits forts & marqués, & ſous les couleurs les plus vives, les injuſtices que l'on reproche aux François?

Ceux-ci s'expriment avec clarté. Nous étions,
diſent-ils, tranquilles poſſeſſeurs des terres qui
s'étendent depuis le bord méridional du Fleuve
St. Laurent juſqu'aux confins de l'Acadie. Ce
pays, qui avant le Traité d'Utrecht a toujours
fait partie du Canada, n'eſt point devenu une
Province de l'Empire Britannique, puiſqu'on ne
lui a cedé que l'Acadie ſuivant ſes anciennes
limites. Ainſi les François de cette partie de
l'Amérique, n'ont point changé de maître ni
de gouvernement. Vous avez prêté à l'Article XII. du Traité d'Utrecht un ſens qui, s'il
étoit le véritable, vous rendroit les maîtres de
tout le Canada. Voilà le différent qui nous
diviſe; mais ce n'eſt point encore la guerre,
& ſur cet objet de conteſtation les deux Nations ont nommé des Commiſſaires. Vous
avez interrompu leur travail par des violences.
Vous avez pris les armes pour chaſſer les François de deſſus un terrain qui au moins étoit
litigieux, & dont par proviſion ils étoient
poſſeſſeurs.

Vos Miniſtres ſont toujours convenus, que
vos Colonies depuis la nouvelle Angleterre
juſqu'à la Géorgie étoient bornées à l'Oueſt
par les Monts Apalaches. Les François poſſedoient le pays qui eſt au-delà; ils y faiſoient

ſeuls

feuls le commerce. Vous avez paffé ces montagnes, vous êtes venus en corps d'armée bâtir des Forts & former des Etabliffemens fur des terres foumifes à la domination Françoife. On vous a fait des repréfentations, vous les avez méprifées. On vous a envoyé un Député, vous l'avez affaffiné; vous avez fait fon efcorte prifonniere en tems de paix. Vous avez enfuite promis de la rendre. Une Capitulation authentique a été le titre de cet engagement, & vous l'avez violée.

Vous envoyez des fecours dans vos Colonies. La France ne s'y oppofe point; mais elle a crû devoir aux fiennes une égale protection & la même défenfe. Alors vous attaquez fes vaiffeaux de guerre. Surpris & peut-être déconcertés par une modération à laquelle vous ne vous attendiez pas, vous redoublez d'injufti-ces; & de ce moment, toutes les Mers font en proie à vos brigandages.

Voilà ce que difent les François. Il n'y a là rien de vague ni d'équivoque. Tel eft en peu de mots le précis de leurs plaintes. L'Europe les a entendues. Je veux qu'elle ait jufqu'ici fufpendu fon jugement: ne devoit-on pas enfin l'inftruire ? Que penfera-t-elle lors qu'à des faits, dont l'univers eft témoin, elle verra que l'on oppofe des lieux communs, & ces reproches généraux, foible reffource de ceux qui ont tort ? Que les événemens futurs reftent encore dans les fecrets du Gouvernement; mais pourquoi ne pas dire un mot du paffé ?

Si

Si les injustices & les usurpations de la France sont de nature à mériter les excès auxquels on s'est livré contre elle; quel ménagement hors de saison peut porter le Roi d'Angleterre à les dissimuler?

Il commence par se faire honneur de la *volonté dans laquelle il est constamment de s'appuyer des avis & de l'assistance de son Parlement.* Sur cela on seroit tenté de faire une question à Sa Majesté Britannique. Consultez-vous votre Parlement, lui diroit-on, pour lui faire approuver vos démarches, ou pour l'engager à les diriger? Dans le premier cas, *l'assistance* peut être bonne à quelque chose, *les avis* sont inutiles. Dans le second cas, *les avis* sont nécessaires; mais Sa Majesté doit avouer qu'elle les demande un peu tard. Convenons avec ce Prince, que dans l'un & dans l'autre, *la situation* de l'Angleterre est *critique.* Elle le seroit moins, si sur le champ la France eut déclaré la guerre. Mais s'être mis dans l'embarras d'avoir tort tout seul! n'avoir trouvé que de la modération dans un peuple naturellement vif & dont on cherche depuis si long-tems à provoquer la vengeance! enfin voir l'Europe tranquille, & s'exposer seuls au reproche d'avoir allumé le flambeau qui peut la ravager! voilà ce qui s'appelle une *situation critique,* ou il n'en fut jamais.

Le Roi rend compte ensuite, des soins qu'il s'est donnés pour seconder les vûes de la Nation. *Il a pris,* dit-il, *les mesures qui pouvoient le plus contribuer à protéger les possessions Angloises*

en-

en Amérique, & à recouvrer tout ce qui a été enlevé par empiétement ou par invasion, au mépris de la paix, & contre la foi des Taités les plus solemnels.

Au mépris de la paix ! Est-ce sérieusement que ce reproche s'adresse à la France ? Quel-est donc ce traité solemnel qu'elle a violé ? Pourquoi Sa Majesté Britannique ne daigne-t-elle pas indiquer ce terrain dont les Anglois ont été chassés, & dont les François se sont rendus maîtres *par empiétement ou par invasion ?* Croit-on qu'une déclamation vague puisse tenir lieu de raisons ? Quelle est en un mot cette invasion dont on affecte de se plaindre en termes généraux, & dont on ne peut désigner ni le tems ni le lieu ? Est-ce-là le moyen de déterminer le suffrage de ceux qui ne jugent que sur des faits ?

MEMOIRES
POUR SERVIR 'A
L'HISTOIRE
DE NOTRE TEMS,
PAR-RAPPORT A LA GUERRE
ANGLO GALLICANE.

(7.)

SUITE DES REFLEXIONS SUR LA HA-RANGUE DU ROI d'ANGLETERRE EN 1755.

JE parcours les mesures que Sa Majesté Britannique a prises depuis *la derniere Session de son Parlement*, & je remarque avec plaisir qu'il ne donne point comme un effet de ses soins, les succès honteux de ses Escadres. Comment pourroit-il accorder cette conduite avec *ce desir sincere de garantir son peuple des malheurs de la guerre, & de prévenir au milieu des troubles présens, tout ce qui pourroit allumer une guerre générale dans l'Europe?* La vérité doit resider sur les lévres des Rois: oserons-nous supposer qu'un Souverain, qui s'exprime ainsi sur la guerre, la fasse depuis cinq mois avec une indécence qui a excité l'indignation de tous les peuples?

Il sait cependant qu'elle se fait sous son nom. Il sait . . . . respectons la Majesté d'un Sou-

G

verain,

verain, & imitons son silence. Ce silence est au moins une espéce d'hommage qu'il rend aux loix des Nations. Il n'ose avouer l'injustice & la violence : croyons qu'il les blâme dans le fonds du cœur. Aussi-bien l'art qu'il employe pour les dissimuler trahit son embarras : au détail des faits il substitue l'apologie de ses vûes : c'est par la pureté de celles-ci, qu'il s'efforce de couvrir la honte de ceux-là. J'admire comment après avoir rappellé les démarches qu'il lui est permis d'avouer, la *diligence & l'attention* avec laquelle *il a mis en état les forces Maritimes de ses Royaumes,* l'envoi qu'il a fait de *quelques troupes en Amérique, les encouragemens fournis aux Colonies pour les animer, tant à leur propre défense, qu'à la défense des droits de la Grande - Bretagne;* il passe habilement à *son amour pour la paix, aux dispositions où il a toujours été d'accepter des voies raisonnables & honorables d'accommodement, que jusqu'ici la France ne lui a point proposées;* enfin, à la justice de ses motifs, & à la modération de ses desseins ? *J'ai borné* MES VUES, (prenons garde qu'il ne dit point mes ordres) *à empêcher cette Puissance de faire de nouvelles usurpations, à faire* PLEINEMENT RECONNOITRE *le droit que nous avons de demander une satisfaction pour des hostilités commises dans le tems d'une profonde paix, & à faire échouer des desseins, qui, selon que* PLUSIEURS PRÉPARATIFS & DIVERSES APPARENCES *donnent lieu de croire, ont été formées contre mes Royaumes.*

C'est

C'eſt peut-être ici le morceau le plus adroit de la Harangue.   Un Etranger, qui ſortant d'une retraite profonde ignoreroit abſolument les événemens publics, & chercheroit à s'en inſtruire par la lecture du Diſcours de Sa Majeſté Britannique, ne verroit dans la conduite des Anglois, rien que de ſage & de meſuré. *J'ai borné mes vûes à empêcher les François de faire de nouvelles uſurpations.*   Cela ſignifie, diroit-il, „ J'ai augmenté mes troupes, j'ai mis nos „ Colonies en état de défenſe: j'ai fortifié no- „ tre Marine.   *A faire* PLEINEMENT *connoître le droit que nous avons de demander une ſatisfaction pour des hoſtilités commiſes dans le tems d'une profonde paix.*   Notre Etranger, dont la ſagacité ne pénétreroit pas toute la ſignification de ce mot *pleinement*, concluroit de cette phraſe, que le Gouvernement Anglois a, dans un Manifeſte parfaitement bien raiſonné, expoſé avec nobleſſe le détail des uſurpations de la France: que ce Manifeſte doit porter la conviction dans tous les eſprits, & démontrer aux yeux de toute la terre *le droit qu'ont les Anglois de demander* par une Déclaration de guerre, une juſte *ſatisfaction pour des hoſtilités* ; enfin, *à faire échouer des deſſeins, qui, ſuivant que pluſieurs préparatifs & diverſes apparences donnent lieu de croire, ont été formés contre mes Royaumes.*   Tout cela ne ſignifieroit encore dans ſon eſprit que des précautions priſes ſagement pour être en état de repouſſer l'inſulte, dans le cas où ces *diverſes apparences* ne ſeroient

G 2   point

point trompeuses.   Voilà le sens naturel de cette partie du Discours.

Mais est-ce celui dans lequel les Anglois l'ont eux-mêmes entendu? Instruits par les faits, que n'ont-ils pas apperçu dans ce petit nombre de phrases? *Empêcher les François de* faire de *nouvelles usurpations,* c'est attaquer indistinctement tous leurs vaisseaux.   *Faire pleinement connoître le droit que l'on a de demander une satisfaction à la France,* c'est commencer par lui enlever son bien, c'est intercepter son commerce, dépouiller ses Officiers, emprisonner ses Matelots, les faire mourir de misere; enfin, c'est aller par pure précaution beaucoup plus loin que l'on ne la jamais fait dans le cas d'une guerre. Voilà comment un Anglois expliqueroit ce Discours à un étranger qui ignoroit ce qui se passe. Celui-ci pourroit, il est vrai, lui répondre, sans entrer dans l'examen des sujets de contestation, *Différens préparatifs & diverses apparences vous donnent lieu de croire que l'on a formé des desseins:* je conçois que cette crainte peut autoriser une Nation à prendre des précautions, & à se mettre en état de défense; mais depuis quand des *apparences* & des conjectures peuvent-elles servir de motif à des violences contraires au droit des gens?

Je crois, que le Roi d'Angleterre, qui connoissoit mieux que personne, & le vrai sens de son Discours, & celui dans lequel ses auditeurs l'entendroient, s'est fait à lui-même cette objection pressante: N'apperçoit-on pas
dans

dans les phrases qui suivent, les traces du remords ? Je le crois voir se réveiller au fonds du cœur du Monarque. Il y est l'écho de cette voix puissante qui retentit dans toute l'Europe, & qui accuse la Nation dont il est le chef. Le Prince cherche en vain à en étouffer le murmure ; & c'est pour se rassurer, s'il étoit possible, contre ses sons importuns, qu'il s'écrie : *Quelle Puissance pourroit nous reprocher des démarches si necessaires à notre sûreté ?*

Si ces démarches sont justes, si les procédés de l'Angleterre sont mesurés sur les regles dont toutes les Nations policées se sont fait des loix ; pourquoi imaginer, grand Prince, que quelque Puissance songe à vous les reprocher ? Mais si vous invoquez ici le témoignage des Nations, si votre peuple fait quelque cas de leur suffrage ; qu'il soit permis au sujet d'une République votre alliée, & dont la voix libre n'est dans ce moment, que l'interprête du zèle le plus pur pour votre gloire : qu'il lui soit, dis-je, permis de vous répondre au nom de la Société universelle : *Quelle Puissance au contraire pourroit approuver le brigandage & les rapines ?* Quel est l'Etat qui n'ait pas adopté cette maxime que les Romains regardoient comme un axiome de droit public : *Hostes sunt qui nobis, aut quibus nos Bellum publicè decernimus : cæteri latrones aut prædones sunt*.

G 3

Je

* Pomponius, Leg. Hostes. D. de Verb. signif. *Hostes sunt* … un autre Jurisconsulte Romain, *quibus*

Je ne fai, à quel deffein Sa Majefté Britan-nique vante enfuite les difpofitions pacifiques du Roi d'Efpagne. Il n'eft pas poffible qu'il ait crû ou qu'il ait même voulu perfuader la Nation, que l'Efpagne demeureroit neutre, dans tout le cours de cette Guerre. Je ne par-le point ici des liaifons du fang qui attachent la Maifon d'Efpagne à celle de France. Les Rois font les peres de leur peuple. Voilà leur famille & leur parenté. C'eft donc fous ce point de vûe, que j'aime à envifager le Roi Catholique, l'un des plus fages & des plus juftes Monarques de l'Europe. J'ai démontré que fi le plan des Anglois eft fuivi du fuccès qu'ils ofent s'en promettre, l'Efpagne perd bien-tôt tout le commerce qu'elle fait dans les Isles & dans le Continent de l'Amérique Septentrionale. La Floride & le Mexique fans défenfe, de-viennent la proie du vainqueur, qui faura toujours fe brouiller à propos avec le voifin dont il convoitera les poffeffions. Je le de-mande donc à l'Anglois le plus ennemi de la France ; croit-il de bonne foi que le Roi d'Efpagne verra fans inquiétude l'Angleterre détruire le rempart qui fépare l'une & l'autre Na-

Bellum publicè populus Romanus decrevit, vel ipfi popu-lo Romano. Cæteri latrunculi vel prædones appellantur. Ulp. D. *de captiv.* Nous appellons ennemis, ceux qui nous déclarent folemnellement la guerre, ou auxquels nous la déclarons dans les mêmes formes : les autres font des *Brigands* ou des *Voleurs.* Tel eft le nom qu'on leur donne.

Nation, & étendre les bornes de sa domination jusqu'au nouveau Mexique?

Il ne s'agit point ici de la garantie des Traités. La France n'aura pas besoin d'invoquer ses alliances. C'est comme Partie principale & lezée, que l'Espagne embrassera la défense d'un voisin qu'il lui est important de conserver. Ainsi dans un incendie on sauve sa propre maison, en éteignant le feu qui ravage celle de son voisin.

Il n'en faut pas moins convenir, avec le Roi d'Angleterre, que *Sa Majesté Catholique, qui prend un vif intérêt au bonheur commun de l'Europe, desire ardemment le maintien de la tranquillité générale.* Quel est le Monarque du Continent de l'Europe dont on n'en puisse dire autant? Le Roi d'Espagne est dans des dispositions pacifiques, on le sait; mais en même-tems, pour me servir ici des expressions de Sa Majesté Britannique; *Il ne voit point d'un œil indifferent l'orage qui s'est élevé :* & comme cet orage, s'il n'est conjuré de bonne heure, doit tomber un jour sur ses Etats en Amérique, il employera toutes ses forces à fortifier la digue qui seule peut l'arrêter.

Ainsi, loin que les *dispositions pacifiques* de ce Prince annoncent sa neutralité, elles sont au contraire le garant le plus sûr du parti vigoureux qu'il doit prendre contre les Agresseurs. *Il desire ardemment le maintien de la tranquillité générale;* il réprimera donc ceux qui la troublent contre le vœu unanime de toutes les Nations.

G 4

Or

Or suppofons les Flottes de France & d'Efpagne combinées, fuppofons les efforts de l'un & de l'autre Etat réunis pour remplir un des baffins de la balance; de quel poids fera dans l'autre le fecours des Pruffiens.

Le dirai-je, avec cette franchife qu'exige la Verité? Il me femble que dans ces Traités que le Roi d'Angleterre a annoncé à la Nation, & dont il eft fi jufte qu'elle ait *communication*, quifqu'elle en paye fi libéralement les fraix, il a moins travaillé pour elle, que pour lui-même. Il connoît trop la fageffe du Confeil de Vienne, & les véritables intérêts du Corps Germanique, pour avoir pû fe flatter d'engager l'un ou l'autre à prendre parti contre la France. Mais fi les Miniftres du Roi d'Angleterre (que peut-être faut-il, dans cette occafion, diftinguer des Miniftres de la Grande-Bretagne) étants fans efpérance de ce côté-là; eft-on bien sûr qu'ils foient fans crainte? Nont-ils rien à redouter de la prévoyance des Princes de l'Empire?

Il y a long-tems que les Politiques d'Allemagne, gens dont le coup d'œil eft affez jufte, leur attribuent des vûes particulieres, & un fyftême fecret qui fe cache fous le plan de la Nation Angloife, dont il fait pour ainfi dire le revers. Ce n'eft qu'à Hanovre que le Roi d'Angleterre jouit de toutes les douceurs de la Souveraineté. Sa qualité d'Electeur eft en quelque façon fa grandeur perfonnelle. Ses Etats d'Allemagne font le patrimoine de fa Maifon: la Royauté n'en

eft

est que la fortune.   Honoré & flatté en Angleterre, il n'est réellement puissant que dans l'Empire.   Aussi n'est-ce que là qu'il s'est flatté d'acquerir une véritable supériorité.   Le Thrône de
la Grande - Bretagne est un dégré par lequel il a
esperé y parvenir.   Il a crû se procurer dans les
affaires du Corps Germanique, une influence
que ne peuvent lui promettre les forces seules de
son Electorat.

Dans l'éxécution d'un projet si agréable, il crai-
gnoit trouver plus d'un rival sur son chemin.   Il
en étoit un dont l'activité l'avoit déja devancé, &
dont les forces pouvoient être employées
pour la défense de la liberté Germanique, &
de l'équilibre qui doit être maintenu entre les
Princes de l'Empire.   Il falut donc se mena-
ger un moyen sûr de le tenir occupé.   Tel
devoit être l'emploi des Russes.   Ce n'est pas
la France, c'est l'Allemagne qu'ils menaçoient;
mais le systême a changé, comme nous le di-
rons dans la Suite.

Je ne prétends pas pour cela que ce Monarque n'ait eu d'autre vûe que son intérêt particulier, ni que les Ministres, qui font leur principal objet de la force de son Electorat, ayent
absolument renoncé au caractere de citoyens de
l'Angleterre.   Si le plan de la Nation, qui tend
à s'emparer de tout le commerce d'Amérique
vient à réussir, le Roi en partagera les avantages.
S'il échoue, si les Anglois n'ont embrassé qu'un
nuage, pourquoi leur Souverain ne tourneroit-il

G 5

pas

pas à son profit une illusion dont il n'est point le
pere? Ainsi un habile Architecte, après s'être
prêté pour un tems à un plan insensé, employe
ensuite à bâtir sa propre maison, les matériaux
amassés, & jusqu'à l'échafaut élevé pour la construction d'un vaste palais dont on abandonne
le projet.

Ce que nous pouvons regarder comme très-
certain, c'est que l'alliance des Russes, qui a
coûté fort cher à l'Angleterre, ne pouvoit lui
être d'aucune ressource dans une guerre sur mer.
Que dans une guerre sur terre, les troupes Moscovites ne viendront jamais attaquer les frontieres de la France; & que si jamais elles vouloient
traverser l'Allemagne, ou se frayer une route dans
la mer Baltique, plus d'une Puissance seroit inté-
ressée à arrêter ce torrent. Lui laissât-on même
le tems de se repandre, il ne peut être redoutable qu'à sa source; semblable à ces Fleuves rapides, dont les eaux partagées après un cours assez
long, se perdent dans les sables, ou sont en-
glouties par la terre. Rappellons-nous le fameux voyage de cette Armée Russienne, qui,
diminuée de plus de moitié dans une route aussi
longue qu'inutile, promena autrefois dans l'Allemagne ses débris & sa honte, & devint par ses rapines presque le fléau des Etats qui lui avoient livré
le passage.

Cette digression m'a un peu écarté de la Harangue dont je faisois l'examen. Je ne crois
pas même qu'il soit nécessaire d'y revenir. Le
reste du Discours ne contient que des représentations

tions sur la néceffité des fubfides, & des affurances fur l'emploi qui en fera fait, fuivant les vûes de la Nation. Lieu commun qui fait ordinairement la conclufion de ces fortes de Harangues. Celle-ci a réuffi. L'Angleterre acheve de fe ruiner. Son crédit fuppléera fans doute aux fonds qui lui manquent. Les effets repréfentatifs multiplient fes efpéces.

Je ne fçai, fi on a fait comme moi une obfervation qui regarde les Hollandois. Pourquoi le Roi d'Angleterre ne met-il pas au nombre de fes Alliés, la République des Provinces-Unies? Les Anglois regardent-ils les Hollandois comme des amis trop foibles pour leur être utiles, ou trop juftes pour vouloir les feconder? J'ai cherché à me décider fur cette queftion, & j'avoue que j'ai été offenfé, non du filence que Sa Majefté Britannique garde fur la Hollande; mais de la maniere dont en parlent les Ecrivains Anglois, que le Miniftere avoue & authorife. Un ouvrage Périodique qui paroît à Londres fous le titre de *The Monitor, or Britifch Freeholder,* * après avoir donné à la Nation beaucoup d'avis dont je n'entreprends pas d'examiner la jufteffe, s'exprime en parlant de la Hollande, en des termes qui n'annoncent pas beaucoup d'égard, & encore moins d'eftime pour cette Republique. Je veux traduire cet endroit. L'Auteur commence par louer la vigueur avec laquelle on a pouffé les armemens, & il ajoute enfuite: ,, Si ,, nous fommes refolus à faire la guerre pour

fau-

* Septembre 1755.

„ sauver nos Colonies des dangers auxquels el-
„ les ont été si long-tems exposées, & pour
„ protéger notre commerce ; si le Ministere
„ veut que l'on se prête à ses vûes de la façon
„ la plus convenable : qu'il renonce à toute
„ idée de faire passer des troupes en Flandres,
„ & de dissiper les trésors de la Nation à l'en-
„ tretien de troupes mercenaires. On va voir,
de quelles troupes mercenaires l'Auteur entend
parler. Il continue : „ l'Angleterre ne sera-
„ t-elle jamais bien convaincue des risques
„ que nous courrons en négligeant nos Co-
„ lonies, & en les abandonnant en quelque
„ façon à l'invasion de l'ennemi, tandis que
„ les Armées sont employées *à défendre des*
„ *Etats qui n'ont jamais manqué une occasion*
„ *de nuire à notre commerce, & qui ne se*
„ *sont pas fait un scrupule de se joindre à nos*
„ *ennemis, lorsqu'ils ont entrevu le moindre*
„ *avantage de leur côté?* Si les Seigneurs Etats
Généraux ne se reconnoissent point encore là ;
l'Auteur va parler plus clairement. Je continue de le traduire. „ A qui devons-nous
„ imputer la dette de 80. millions ? Ce n'est
„ pas assurément à ces guerres que le main-
„ tien de la tranquillité intérieure, de la pro-
„ priété & de la gloire de la Grande-Breta-
„ gne a rendues nécessaires ; mais *à ces en-*
„ *gagemens & à ces liaisons avec la Hollande*
„ & avec les autres Etats sur le Continent,
„ qui n'aboutissent qu'à perpétuer & à aug-
„ menter nos impôts, & qui ne peuvent
„ nous

,, nous foulager dans les extrêmités facheufes
,, où nous nous trouvons.

Ceci eft-il affez précis ? Je fai que l'Impératrice Reine peut auffi s'attribuer quelque chofe
de ce compliment fi flatteur. C'eft fans doute à Elle auffi-bien qu'à la Republique que
l'on déclare, que déformais l'Angleterre ne fera alliée que d'elle-même. Ainfi, fi le goût
du brigandage gagnoit en Europe, s'il prenoit
envie aux François de faire, fans aucune Déclaration de guerre, une irruption dans les
Pays-Bas, ou en Hollande, l'Impératrice &
la République n'ont plus droit de compter fur
les fecours des Anglois. La raifon en eft mer-
veilleufe, & l'on voit qu'ils ne la diffimulent
pas.   Ils peuvent fe paffer de tels Alliés, &
ceux-ci ne leur font plus bons à rien. Qu'eft-
il befoin d'entretenir des troupes & de *continuer
des impôts*, uniquement pour remplir un devoir
de juftice, & pour demeurer fidéles à des
Traités ?

Je ne dis rien du reproche auffi faux qu'indé-
cent que l'on fait aux Etats Généraux, de *n'a-
voir jamais manqué une occafion de nuire au
commerce de l'Angleterre, & de ne s'être fait
aucun fcrupule de fe joindre à fes Ennemis, dès
qu'ils y ont trouvé le moindre avantage.* L'Hiftoire des Colonies Angloifes n'eft-elle pas celle
des injuftices que la Hollande elle-même a fouf-
fertes? Ce peuple fuperbe, qui bien-tôt ne re-
gardera les Hollandois plus que comme fes
Facteurs, a-t-il donc oublié que la nouvelle

Yorck

Yorck étoit autrefois la nouvelle Belgique, & que la ville d'Albanie a été bâtie sur les ruines du Fort d'Orange ? Mais sans remonter à l'expédition du Chevalier Robert Carre, (*a*) ne seroit-il pas facile de prouver, que bien éloignés de l'infidélité dont ils osent taxer les Hollandois, ceux-ci ont au contraire toujours préféré l'intérêt de la Succession protestante à celui de leur propre liberté & de leur commerce ? Les Anglois ont tant de fois cherché à les animer contre la France par le souvenir de cette malheureuse guerre de 1672. N'auroient-ils pas dû se rappeller, qu'après avoir engagés ces fideles Voisins à signer avec eux la triple alliance qui irrita LOUIS XIV, ils les livrerent lâchement à la vengeance de ce Monarque par le Traité secret de 1670, qu'ils conclurent à leur insçu ? Ce n'étoit pas assez de les abandonner ; on les vit alors se joindre à leurs Ennemis, attaquer leur Flotte de Smirne, avant même de leur déclarer la guerre ; exhorter le Monarque François à détruire la République, & lui proposer le partage de ces Etats. Depuis cette époque, quels coups l'Angleterre n'a-t-elle pas portés au Commerce de la Hollande ? Par combien d'intrigues & de manœuvres, elle lui enleva au commencement du siécle, celui de Portugal ! parlerai-je ici des Traités qu'elle fit avec les Algériens, & de l'asile que ceux-ci trouvoient dans les Ports d'Angleterre, pour être plus à portée de fondre sur les vais-

seaux

(*a*) Chef d'Escadre Anglois, qui chassa les Hollandois de la Nouvelle Belgique.

feaux Hollandois ? Enfin ferai - je l'énumeration
de cette multitude de prifes que les Anglois firent fur leurs bons voifins dans la derniere guerre , & qui ruinerent tant de Négocians Hollandois ? Et c'eft la Republique que l'on accufe de
perfidie ! Trop long - tems victime de fa confiance , & peut-être de la vieille terreur dont
ils ont eu l'art de la bercer , la Republique ceffe-
ra enfin de fe livrer en aveugle à l'ingratitude &
au mépris.   Les Anglois fentiront combien elle lui étoit néceffaire , dès qu'ils auront perdu
l'efpérance de lui donner des fers. (*)

Que l'Efpagne juge par la maniere dont les
Hollandois font traités, du cas qu'elle doit faire
des éloges que les Ecrivains Anglois lui prodi-
guent aujourd'hui.   Pitoyable artifice qui prouve bien que la foibleffe eft toujours à côté de
l'infolence , & que la flatterie eft fille de l'orgueil.   Je m'amufe à lire les Feuilles périodi-
ques qui paroiffent à Londres, & je ris de voir
chaque femaine les Efpagnols, qui étoient il y a
quinze ans l'objet de la raillerie , & fouvent des
invectives des Anglois , devenir aujoud'hui
prefque celui de leur culte intéreffé.   Ils font
craints, puifqu'ils font loués : voilà ce que l'on
en doit conclure.   Mais le mérite réel eft trop
au-deffus de la baffeffe de l'adulation , & les
Efpagnols ont la tête trop bonne pour que la
fumée d'un tel encens la leur faffe tourner.

Di-

____

(*) On fe fouviendra que c'eft L'OBSERVA-
TEUR *Hollandois* qui parle. On doit lui pardon-
ner la vivacité qu'il fait paroitre : le Citoyen eft ou-
tragé dès que l'on infulte la Patrie.

Diroit' on, par exemple, qu'un de ces Ecrivains hebdomadaires se recrie contre l'usage de faire voyager les jeunes Anglois en France & en Italie? Ce n'est plus qu'en Espagne que la jeunesse doit aller se former: malheur à celui, qui dans ses voyages reste en-deça des Pyrénées ou passe au-de-là des Alpes.   Personne n'estime plus que moi le caractere des Espagnols: on trouve chez eux des modeles en tout genre de mérite; mais faut-il que la France & l'Italie ne soient plus aux yeux de la Politique Angloise, qu'un pays ou de barbarie ou de corruption? Convenons qu'en Hollande les Auteurs n'ont pas toutes ces attentions fines pour le Gouvernement.   Les François en sont pour le moins aussi éloignés qu'eux.   Je lisois l'autre jour dans un de leurs Auteurs, qu'il étoit utile de voyager en Angleterre pour apprendre à penser.   On exerce quelquefois les enfans à des danses hautes & violentes, dont ils ne feront usage de leur vie.   Les Maîtres de l'art disent que cela leur donne plus de facilité pour les mouvemens naturels du corps, & qu'ils en marchent ensuite avec plus de grace.   Ne seroit-ce point ainsi que les Anglois pourroient apprendre à penser?

(8

MEMOIRES
POUR SERVIR A
L'HISTOIRE
DE NOTRE TEMS,
PAR-RAPPORT A LA GUERRE ANGLO - GALLICANE.

(8.)
MAUVAISE CONDUITE DES ANGLOIS, EN AMERIQUE AUSSI-BIEN QU'EN EUROPE.

JE suis las de parler de brigandages. On ne peut s'exprimer sur des faits de cette nature, sans que l'indignation du cœur communique un peu d'amertume au discours, & je crains quelquefois pour mon stile, ce ton d'aigreur si peu fait pour nos mœurs. J'aime cette douceur de caractère qui cherche à consoler l'humanité des outrages qu'elle reçoit. J'aime à me persuader que la proposition de demander au Roi d'Angleterre qu'il déclarât de bonne prise les vaisseaux François, qui avoient été pris avant la déclaration de guerre, a été rejettée à la très-grande pluralité par le Parlement. Ces espérances me raniment, & je crois les Anglois capables de cette équité. Malheur à ces ames aveugles & féroces, qui sorties une fois de la route tracée par les loix, regardent comme une honte de s'arrêter ou de revenir sur leurs pas. Chez des cœurs généreux, le retour à la vertu pourroit-il jamais être regardé comme une inconséquence ? H Voilà

Voilà donc le vœu de la Nation lorsqu'elle porte des regards tranquilles sur les loix de l'honneur & de l'équité. Elle ne peut se dissimuler qu'elle n'étoit point en guerre avec la France : j'en conclus qu'elle n'a point été consultée, lorsqu'on a expedié aux chefs d'escadre de la Grande Bretagne ces ordres qu'ils n'ont que trop ponctuellement éxécutés, & dont le Parlement refuse aujourd'hui de partager la honte. Car enfin, rejetter une proposition qui tend à faire déclarer légitimes les prises faites sur la France, n'est-ce pas reconnoître au moins tacitement, qu'essentiellement injustes dans le fait, elles ne peuvent être légitimées par une déclaration qui n'en changera jamais la nature ? N'est-ce pas refuser de prendre sur soi, & à la décharge des auteurs du projet, des événemens sur lesquels on ne peut se dissimuler le jugement de la postérité. Quel prétexte désormais pour retenir un bien, dont on est forcé d'avouer qu'aucun titre n'assure la propriété !

Qu'auront pensé les instigateurs de tant de manœuvres, en voyant les dispositions du Parlement ? Ne leur font-elles point craindre un désaveu de la Nation ? Ne prouvent-elles pas, que malgré l'excessive chaleur des esprits, & la fermentation que l'on cherche à entretenir, si les Anglois vouloient la guerre, au moins ne vouloient-ils pas qu'elle commençât par des pirateries ? Ne devoilent-elles pas d'ailleurs les véritables auteurs de la rupture ? ils ne peuvent plus se cacher dans la foule. Qui sont ceux qui excitoient le peuple à la guerre ? Ne sont-ce pas ceux qui ont osé la faire contre toutes les regles, & avant d'avoir consulté la Nation sur la maniere de la commencer ;

Ceci

Ceci ne contribue pas peu à fortifier une conjecture que je n'ai pas encore osé proposer; mais qui devient de jour en jour si vraisemblable, que je pourrois, si j'étois un peu plus hardi, la donner comme une vérité prouvée. On fait à l'Angleterre les reproches les plus vifs sur ses procédés avec la France. Croyons-nous de bonne foi que la plûpart des Anglois ne les condamnent pas dans le fonds du cœur? On a, dit-on, consulté après coup les plus fameux Jurisconsultes de la Grande-Bretagne. Imaginera t-on qu'ils n'aient pas tous unanimément répondu avec Cicéron, (a) *nullum bellum esse justum, nisi quod aut rebus repetitis geratur, aut denunciatum ante sit & indictum?* Je vais plus loin. Demandons à l'Anglois le plus prévenu contre la France, & le plus ardent à souhaiter la guerre, ce qu'il pense de tout ceci. Il dira franchement : Les procédés ne sont pas pour nous. Pressons-le : s'il est un peu au fait des ressorts que l'on fait mouvoir, & assez notre ami pour nous parler à cœur ouvert, il ajoutera tout bas : Que voulez-vous? On n'avoit que cette voie pour déterminer le peuple. Après tout ce que l'on avoit fait, on étoit encore incertain si la guerre seroit déclarée. Qu'auroit-ce été si l'on fût resté dans les bornes que le droit des gens prescrit aux Nations?

Développons cette idée. Il y a en Angleterre des gens qui veulent absolument la guerre. Ils l'ont resolue. Ils ont fait plus, ils ont persuadé à S. M. Britannique, qu'il étoit utile à ses intérêts particuliers

H 2

d'y

<hr>

(a) Offic. t. Les hostilités ne sont légitimes qu'après que la Nation offensée a demandé la satisfaction qui lui est dûe; ou déclaré solemnellement la guerre.

d'y amener la Nation. Si je voulois pousser plus loin mes conjectures, je dirois : ils trompent le Roi lui-même : ils portent leurs vûes secretes au-de là des jours qui lui sont destinés, & envisagent dans l'agitation qu'ils excitent aujourd'hui, le germe de bien des événemens dont il ne peut être témoin. Mais écartons ces tristes idées, & supposons que les conseils qu'ils donnent à leur Souverain partent du zèle le plus désintéressé. Au moins est-il vrai qu'ils regardent la guerre comme nécessaire.

Il s'agissoit d'y entraîner le Peuple, & dans quel moment ? Dans celui où les vrais Patriotes pouvoient opposer mille obstacles à ce plan ruineux. Les dettes immenses de la Grande-Bretagne, l'intérêt de ses Alliés, l'état de son commerce ; que sçai-je ? peut-être même l'âge du Roi & la situation de la Famille Royale. Que de raisons, mises dans tout leur jour, l'eussent emporté sur le manége de la Cour & sur la fougue des Partis ! Il seroit aujourd'hui arrêté que la guerre est injuste & que la paix est nécessaire, si l'on eût conservé en Angleterre ce calme pendant lequel on voit les objets avec netteté. Il falloit donc échauffer la Nation avant de la consulter, l'animer par des espérances, si on ne pouvoit la convaincre par des raisons, troubler l'eau pour que l'on ne pût s'y voir, & augmenter les cris de la multitude pour étouffer la voix du citoyen.

Il n'y avoit qu'un moyen pour y parvenir. C'étoit de présenter aux yeux du vulgaire qui ne raisonne point, non-seulement des projets faits pour le séduire, mais encore des succès capables de l'éblouir ; pouvoir lui vanter des victoires dont il s'attribuât la gloire, & lui montrer des dépouilles dont

il

il osât esperer le partage ; en un mot, faire la guerre, & la faire avec quelqu'ombre d'avantage, afin que le peuple la demandât. Le moyen de ne pas se croire en guerre, lorsque l'on repete de toutes parts, que les flotes Angloises sont victorieuses, & que la perte des François est certaine ?

Voilà ce qui est arrivé. Ce n'est point par férocité & par fureur, que l'on a violé toutes les regles. La piraterie a secondé les vûes de la politique. Embarrassés dans un cercle vicieux dont il étoit nécessaire de sortir, les auteurs de ce projet funeste ont dit : Pour déclarer la guerre il faut auparavant y déterminer le peuple ; & pour l'y déterminer, il faut la faire. Commençons donc par le pillage : ne le consultons qu'en tenant dans nos mains, s'il est possible, les dépouilles de la France.   Il se persuadera bientôt que les François sont ses ennemis, lorsqu'il verra leurs vaisseaux dans les ports de l'Angleterre : les richesses de leurs voisins exposées sous les yeux de la multitude feront plus d'impression sur les esprits, que le stile amer de nos Ecrivains, & les déclamations de nos Emissaires.

Tel a été l'artifice du gouvernement Anglois; & il faut convenir qu'il a réussi en partie : mais se flatte-t-on qu'il aura tout le succès que l'on s'en étoit promis ? Le peuple peut être trompé quelque tems ; mais le bandeau est-il si bien attaché qu'il ne puisse jamais tomber ? J'avoue pour moi, qu'un projet qui suppose dans toute une nation un aveuglement invincible, m'effraye pour ses auteurs. Car enfin, les faits ne peuvent pas toujours être cachés. Pour endormir le peuple, il faut le bercer : mais le mal-aise le reveille, & alors il se rendort difficilement.   H 3   Se-

Seroit il poſſible, par exemple, que perſonne ne lui fit ouvrir les yeux ſur l'effet de ces magnifiques promeſſes dont on l'entretient depuiſſi-long-tems? Il ne s'agit point ici de faire à la Nation Angloiſe de belles harangues, il n'y a que deux mots à lui dire: Voyez & calculez.

Car enfin, que lui revient-il de ces immenſes préparatifs pour leſquels elle s'épuiſe? Il y a trois ans que les violences ont commencé au-delà des monts Apalaches: les habitans des riches Colonies Angloiſes ont quitté leurs plantations pour devenir ſoldats. On a levé ſur les colons des ſommes normes. Il ſembloit que l'on n'en voulût qu'à ce terrain arride & inculte qui a été le premier théâtre des hoſtilités: mais on avoit bien d'autres projets. N'ont-ils pas juſqu'à préſent tous échoué? En quoi le commerce de la Grande-Bretagne eſt-il augmenté? Les Anglois ſont-ils plus riches ou plus puiſſans en Amérique qu'ils ne l'étoient au commencement de 1754? Je ne vois qu'un changement dans leur état. Ils ont diſſipé des tréſors immenſes & ont excité contre eux la haine implacable des peuples ſauvages. En Europe, ils ont aliéné les Nations ennemies du brigandage. Ils ont pris des vaiſſeaux contre le droit des gens. Ils n'ont pas droit de les déclarer de bonne priſe. Que leur reſte-t-il donc? La honte des procédés, l'embarras de les excuſer, & ſans doute le regret de ſe les être permis.

Dans un tems où le gouvernement Anglois a cru prendre la France au dépourvû, il n'a pas plus avancé l'exécution de ce plan qui ſert d'appas au peuple; ils perdent depuis que la France ſur ſes gardes a réuni ſes forces & fait uſage de ſes

reſ

reffources? J'imagine voir des gens qui fe font fatigués toute la nuit pour élever des ouvrages autour d'un ennemi puiffant. La lumiere paroît, tous leurs ouvrages font écroulés: ils font furpris d'avoir confumé inutilement leurs forces. Peuvent-ils fe flatter de les employer avec plus de fuccès pendant le jour ?

Rien ne paroîtra plus jufte que cette comparaifon, quand on fçaura, que les Anglois comptoient encore plus fur la fécurité de la France, que fur les forces qu'ils faifoient agir, dans le tems même où leur gouvernement vantoit avec le plus d'emphafe fes difpofitions pacifiques. Que de myftères enfermés dans la caffette de M. Bradock, peuvent aujourd'hui être mis au jour! Que difent les Anglois, depuis que ces écrits précieux, qui après la défaite de ce Général ont été envoyés en France, & imprimés à côté de ces plaintes amères, qu'ils font contre l'embarquement des François? Que dit toute l'Europe, depuis qu'elle eft en état de comparer ces préparatifs dont le Roi d'Angleterre fe plaint dans fa Harangue, avec le plan d'opérations dreffé à Londres dès le mois de Novembre 1754?

Les Anglois fe mocquent quelquefois de la confiance des François. Nation legere en effet, d'avoir crû que M. Shirley négocioit de bonne-foi; & de n'avoir pas deviné, qu'en affermiffant la paix entre les deux Couronnes, il n'acquerroit que l'honneur peu faftueux, attaché en Angleterre à la qualité de Patriote; au lieu qu'en brouillant les deux Puiffances il eft devenu Général d'armée, &

H 4

s'eft

s'eſt fait donner un Régiment qui lui vaut plus de 2000. liv. ſterling ! (*a*)

Mais après tout, cette crédulité ſuppoſe de la droiture, & tout au plus un peu trop d'eſtime pour ceux avec qui l'on traite. Les François ne pourroient-ils point dire aujourd'hui avec un de leurs Poëtes ?

Je n'ai pu ſoupçonner mon ennemi d'un crime :
Malgré lui-même enfin je l'ai cru magnanime.

Racine Andromaque.

Il faut l'avouer, & ils ne l'ont que trop prouvé, ils deſiroient ſincerement la paix : & comme le Miniſtère Anglois paroiſſoit la deſirer auſſi, ils ont cru que l'on cherchoit ſincerement de part & d'autre des moyens d'accommodement.

Auſſi M. de Vaudreuil, Gouverneur de la nouvelle France, en partant pour le Canada n'emporta-t-il que des inſtructions pacifiques. Il étoit bien éloigné de croire qu'il dût trouver dans ce pays-là des armées en marche contre la France, & la guerre allumée de toutes parts.

Quel fut l'étonnement du nouveau Gouverneur, lorſqu'il apprit en arrivant, que les forts de Beau-ſejour & de la Baye Verte étoient déja pris; que M. de Boishebert qui commandoit dans celui de la riviere S. Jean, venoit d'être obligé de le brûler, pour ne point être forcé de le rendre aux Anglois qui venoient l'attaquer; qu'une armée puiſſante aſſemblée ſous Orange étoit prête à marcher contre le foit Fréderic, & qu'enfin M. Shirley à la tête de 4. ou 5000. hommes deſtinés à s'emparer des forts de Niagara & de Frontenac, n'attendoit que la nouvelle de la priſe du fort du Quêne, qui ne pouvoit échapper au Général Bradock ?

(*a*) Plus de 40000. liv. monnoye de France.

Avouons-le, il ne manquoit à une si belle di-
spofition qu'un jufte motif, ou dû moins une déclaration de guerre.   Ne voit-on pas en effet
comme elle embraffe tout le Canada? Les Efca-
dres Angloifes ferment aux François l'entrée du
fleuve Saint Laurent. Louisbourg eft bloqué, &
quatre armées fondent à la fois fur les derrieres de
la Colonie. Le Général Bradock, après avoir pris
le fort du Quêne, remontoit l'Oyo & venoit par
le lac *Erie* donner la main à M. Shirley, qui l'attendoit à *Chouaguen* (*a*) avec des Barques & du Canon. Niagara & Frontenac pouvoient-ils réfifter
à ces deux armées combinées? Pendant ce tems-là
le Colonel Johnfon, maître une fois du fort Frédéric & par conféquent du lac Champlain & de la ri-
riere de Richelieu, étoit en état de porter au printems prochain la terreur jufques à Montreal, tandis qu'une autre armée Angloife devoit par la riviere S. Jean pénétrer jufqu'à Quebec.

Lorfque je vois des mefures fi bien prifes & un
plan fi habilement concerté; je n'ai pas befoin des
papiers de M. Bradock, pour me perfuader qu'une
feule intelligence a dirigé les mouvemens de tous
ces corps féparés. Enfin, quand j'apprends par des
lettres dignes de foi, que le Négociateur M. Shirley dreffoit à Paris ce projet d'invafion générale,
dans le tems même qu'il fembloit ne travailler qu'à
fixer les limites de l'Acadie, en vérité, quoi qu'en
dife S. M. Britannique, je ne puis blâmer les
François d'être arrivés affez à tems, pour décon-
certer des opérations préméditées long-tems a-
vant leur embarquement.

H 5

Quoi

(*a*) Autrement *Ofwego.*

Quoi qu'il en soit, que les Anglois confiderent aujourd'hui quel a été le fuccès de ce plan digne d'une meilleure caufe, & qui devoit dans une feule campagne ruiner prefque entiérement la Colonie du Canada.

M. de Boishebert, après avoir brûlé le Fort de la riviere S. Jean, a remonté le fleuve à quelque diftance de fon premier pofte, & s'eft cantonné au milieu des habitans du pays. Il n'avoit avec lui qu'un fort petit corps de troupes ; mais heureufement pour la France, les Anglois ont trouvé le moyen de lui faire autant de foldats qu'il y a de fauvages armés. Ces peuples n'étoient qu'alliés des François. Ils font devenus les plus cruels ennemis de l'Angleterre. L'ardeur de combattre n'eft plus ce qui les anime ; mais la foif de fe venger. Profcrits par les Proclamations fanguinaires qui promettent des récompenfes à leurs affaffins, ils ne regardent plus les Anglois que comme leurs bourreaux. C'eft avec le fecours de ces fauvages que les François ont confervé la riviere S. Jean. Les Anglois n'ont ofé rifquer un véritable combat fur fes bords ; & dans les différentes efcarmouches qu'ils ont engagées, ils n'ont jamais manqué d'être battus.

Monfieur Bradock à la tête de trois mille hommes, n'a que trop éprouvé dans le malheureux combat qui lui a couté la vie, ce que peuvent réunies enfemble, & la valeur qui fe défend, & la colere qui fe vange. S'il n'eût eu à combattre que des François, fon armée n'eût été que vaincue : elle a été exterminée. Cependant le corps qu'il avoit en tête n'étoit que de 250. François, & de 650. Sauvavages. Cet infortuné Général difoit en mourant, *Nous avons été envoyés à la boucherie, & il femble que ce foit une force furnaturelle qui nous ait écrafes.* Je plains tant de braves Anglois, peut-être facrifiés à l'ambition de deux ou trois hommes. Ne devroit-il pas fuffire à ceux-ci d'épuifer les richeffes de la Nation, & ne devroient-ils pas épargner du moins le fang des citoyens !

M. de Contrecœur eft donc refté maître du Fort du Quêne. Lié par les ordres qu'il avoit reçus, il s'eft tenu fur la défenfive. Il a fait tout ce qu'il a pû pour arrêter l'ardeur des Sauvages. Il a plus fait, il a dérobé à leur pourfuite plufieurs Anglois bleffés, qui ont trouvé un afyle dans le Fort des François, & qui pénétrés de reçonnoiffance pour les bons traitemens qu'ils ont reçus, ont eux-mêmes découvert quelques magazins où les Anglois avoient caché leurs munitions. Le petit nombre de ceux-ci, qui a pû échapper aux recherches des naturels du pays, s'eft retranché à Wils-Crik, en attendant les nouveaux préparatifs, qui fe faifoient en Virginie pour le Printems fuivant.

M. Shirley a-t'il été plus heureux ? oui fans doute; il n'a point hazardé fon Régiment, il a confervé fes troupes, & n'a eu à regretter que fon fils, maffacré dans le combat du Fort du Quêne. Mais fon projet n'en eft pas moins échoué. M. de Vaudreuil avoit trouvé le tems de raffembler fous les Forts de Frontenac & de Niagara des troupes réfolues à la plus vigoureufe réfiftance. Les Forts eux-mêmes fe font trouvés en état défenfe. La perte de M. Bradock faifoit avorter la moitié de l'entreprife. Soit donc que M. Shirley ne fe foit pas crû affez fort

pour

pour attaquer les deux places à la fois ; soit qu'il ait craint, s'il n'en attaquoit qu'une seule, le secours qu'elles se pouvoient prêter mutuellement ; soit enfin que la saison lui ait fait peur, il n'a osé rien entreprendre, & le 10. Octobre 1755. M. de Vaudreuil apprit qu'il s'étoit retiré, après avoir laissé une forte garnison à Chouaguen.

Reste donc le Fort Frédéric. C'étoit le quatriéme point de vûe de cette campagne, qui coûta tant à l'Angleterre. Mais ce fort est-il pris ? On a sçû, comment cette expédition s'est terminée. M. Johnson se flattoit de gagner les François de vitesse. Mais il étoit encore au fond du lac S. Sacrement, & M. Dieskau avoit déja mis ses troupes entre la Place & les Anglois. Ceux-ci avoient bâti un Fort à quelques lieues de-là. Mais les sauvages qui formoient une partie de l'armée de M. Dieskau, ont mieux aimé marcher au camp du Général Anglois, que d'aller enlever un poste qui ne contenoit que 500. ennemis. L'ardeur qui a emporté cette nation belliqueuse, a coûté la vie à plus de sept cens Anglois. Le Régiment de Neuw-Hampshire a été mis en déroute : & si la valeur Françoise attaqua ensuite inutilement les retranchemens de M. Johnson ; celui-ci n'a eu garde de donner comme une victoire l'avantage qu'il a eu de conserver son camp. Le brave M. Dieskau a été, il est vrai, fait prisonnier ; mais cette attaque qui n'a couté aux François que 95. hommes, a du moins convaincu les Anglois de l'inutilité de leur entreprise. Ceux-ci ont jugé qu'un ennemi en état de venir au-devant d'eux, étoit à plus forte raison disposé à les attendre. Les François sont revenus sous le Fort de Fré-

dé-

déric, où ils se sont retranchés. M. Johnson n’a pas jugé à propos de risquer une seconde action, & s’est lui-même retiré.

Voilà donc les triomphes dont on avoit flatté la nation Angloise. Voilà le fruit des subsides immenses levés sur les Négociants & sur les Planteurs. Les Lettres ont annoncé une pleine sécurité de la part des François, & toutes leurs Places en sureté. Ceux-ci cependant n’ont fait alors que se défendre. Leurs succès sont justes, on reconnoît leur droit d’attaquer & de faire eux-mêmes la guerre ? Je l’avouerai, je crois que la seule relation de cette campagne doit être pour les Anglois de bonne foi une source de réflexions. Je supprime ici les miennes, & je laisse parler les faits.

Je sçai, que l’on fait dans les Colonies Angloises des préparatifs qui annoncent pour l’année prochaine les plus grandes entreprises. Mais pense-t-on que les François, qui doivent certainement se tenir aujourd’hui pour avertis, se défendent alors avec moins de vigueur & d’avantage, qu’ils ne l’ont fait dans un tems où ils comptoient encore sur la **foi** des traités & sur la bonne foi des négociations ? Ils sont actuellement couverts par un rempart impénétrable aux attaques de leurs Ennemis, & qui peut même écraser ceux-ci au moindre signal que donnera la France. Oui, les Anglois eux-mêmes ont contribué à lui procurer le plus puissant secours. J’ai déja parlé de ces peuples sauvages qui habitent les frontieres du Canada & de la Louisiane, & qui aujourd’hui pénétrés d’attachement pour un gouvernement sage & pour une autorité modérée, ont juré aux Anglois une haine effroyable.

In-

Indépendamment des Traités, les François ont sur ces Nations les droits les plus forts que l'on puisse avoir sur des hommes libres, le titre de bienfaicteurs, & les engagemens de la reconnoissance. Peut-on dire que c'étoit au gouvernement Anglois à resserrer ces liens ? Ils accusent les Gouverneurs du Canada d'avoir sçû gagner les Indiens ; mais ne peut-on pas leur reprocher à eux-mêmes de les avoir aliénés irrévocablement ? Depuis quand est-ce un crime de se faire aimer des peuples avec lesquels on commerce ? Et quelle absurde politique a pû persuader aux Anglois de se faire détester d'une Nation qu'ils n'ont aucun droit d'exterminer ? J'aurai bientôt occasion d'examiner en vertu de quel titre ils prétendent que les Iroquois sont leurs sujets : ce que je sçais, c'est que ceux-ci sont bien éloignés de les reconnoître pour leurs maîtres, & que jaloux de leur liberté jusques à la fureur, ils puniroient cruellement quiconque oseroit avancer en leur présence une proposition, qu'ils regardent comme l'outrage le plus signalé. Ce que je sçais encore, c'est que ceux de cette Nation, qui intimidés par le voisinage des Anglois n'ont encore osé se déclarer contre eux, sont du moins bien éloignés de se croire obligés à les seconder. Pour ceux à qui la distance des lieux permet d'exprimer leurs véritables sentimens, je frémis de leurs dispositions pour l'Angleterre.

Je viens de donner une idée de la position des armées en Canada, jugeons actuellement de la disposition des esprits : je ne veux que transcrire une partie d'une Lettre écrite par un Témoin oculaire.

Extrait d'une Lettre écrite du Sault S. Louis en Canada le 22. du mois d'Août 1755.

Le 18. de ce mois trois Sauvages *Amiés*, Iroquois des cinq Nations que les Anglois traitent d'alliées, sont arrivés au Sault S. Louis & ont présenté aux Iroquois de ce Village trois colliers (*a*).

Le

(*a*) Les Sauvages ignorent l'usage de l'écriture ; les monumens de leurs traités ou de leurs discours sont des colliers de porcelaine, qu'ils présentent à celui à qui ils viennent faire quelque

Le premier difoit, ,, Mes Freres, nous vous prions
,, de garder ce bien, que nous vous préfentons au nom
,, de laNation qui vous dit par ma bouche, que quelques
,, difficultés que le François ait avec l'Anglois, cela ne
,, doit point diminuer la tendreffe que nous nous de-
,, vons en qualité de Freres.

Le fecond collier difoit, ,, Mes freres, quoique le
,, François foit en difficulté avec l'Anglois; cela ne doit
,, pas vous engager à tremper vos mains dans le fang;
,, laiffez agir les peaux blanches, & ne vous mêlez pas de
,, leurs affaires.

Par le troifiéme collier, le Député des Iroquois difoit, ,, Mes Freres, c'eft pour vous prévenir que nous
,, gardons la neutralité dans toutes ces brouilleries ci,
,, & ce même collier vous invite à en faire autant. Voi-
,, là, mes Freres, ce que la Nation nous a chargés de
,, vous dire.

Les Iroquois du Sault Saint Louis répondirent par la
bouche de leur Chef: Nous recevons, mes Freres, le col-
,, lier d'alliance que vous nous préfentez, & nous fou-
,, haitons que votre tendreffe pour nous foit auffi fincè-
,, re, que vous nous le faites entendre. Nous n'acceptons
,, pas le fecond ni le troifiéme collier. Vous nous deman-
,, dez l'impoffible. Vous ne voulez pas que nous trem-
,, pions nos mains dans le fang. Pourquoi le traître An-
,, glois commence-t'il fans aucune raifon? Vous éxigez
,, que nous reftions fur nos nattes tranquilles. Vous
,, nous prenez fans doute pour des femmes ou pour des
,, gens fans fentiment. Verrai-je frapper mon père fans
,, m'oppofer aux coups que l'Anglois orgueilleux veut
,, lui porter fans aucunes raifons? Comment me regar-
,, deroit-on dans toutes les Nations? Vous voulez refter
,, neutres, tant mieux pour vous autres; car fi vous pa-
,, roiffez avec l'Anglois, nous ne vous reconnoîtrons plus
,, comme nos freres & amis. Faites vos réfléxions, car
nous

propofition. Ces colliers font des vrais fymboles auxquels ils attachent l'idée d'un traité, d'une négociation ou d'un fimple compliment. On les garde avec foin; & fi au bout d'un long efpace de
tems quelqu'un contrevient à la convention, le Chef des Iroquois
ira fort bien chercher le fymbole qui doit témoigner contre l'infracteur, & dira : *Il y a trente ans que ce collier m'a promis telle chofe
de ta part.*

„ nous n'aurons de parfaite satisfaction, que lorsque
„ nous marcherons dans le sang Anglois jusqu'au
„ genouil.

Quel affreux & énergique discours ! quel mélange de candeur & de férocité dans ces peuples ! (a) Les Anglois qui savent jusqu'à quel point ils leur ont été utiles autrefois pour traverser les établissemens des François, auroient dû, je crois, ou se ménager leur secours, ou du moins ne pas soulever contre eux cette formidable nation. Mais il semble que, soit en Amérique, soit en Europe, ils ne veulent plus compter que sur eux - mêmes. Aussi apprend-t-on qu'ils ne traitent pas mieux ceux des Iroquois dont ils ont le moins à se plaindre, que ceux qui prennent ouvertement le parti de la France. Les Anglois du Fort S. George, avoient promis aux Sauvages de *Penamanchekek* de les traiter en freres & en amis : ceux-ci en conséquence avoient paru se ranger sous le pavillon Anglois. Depuis ce tems là ils ont envoyé porter leurs plaintes à leurs freres alliés de la France, de ce que les Anglois, en violant leur parole, leur avoient tué douze hommes par une trahison odieuse. On est sans doute surpris de me trouver si fort au fait des affaires des Sauvages. Franchement, leurs mœurs & leurs usages méritent bien un peu les réfléxions d'un Philosophe. D'ailleurs je cherche à recueillir tout ce qui peut intéresser & instruire de la position des deux Nations, entre lesquelles la guerre est si étonnante. Je passerai pour cela librement d'Europe en Amérique, & d'Amérique en Europe.

(a) Le même esprit de haine semble animer tous les Sauvages. Les *Algonquins* & les *Nepissingues* venant complimenter M. de Vaudreuil le 14. Août 1755, terminerent leur Harangue par cette phrase vraiment barbare: *Nous te répondons que jamais l'Angleterre ne pourra fournir assez de sang à nos casse-têtes pour éteindre la soif ardente qui nous consume.* Quel redoutable collier que celui qui tient un tel langage.

MEMOIRES
POUR SERVIR 'A
L'HISTOIRE
DE NOTRE TEMS,
PAR-RAPPORT A LA GUERRE
ANGLO-GALLICANE.

(9.)

EXAMEN DES DROITS ANGLO-GAL-LICANS SUR L'AMERIQUE SEP-TENTRIONALE.

ME voici revenu à des principes abstraits. J'écris pour des Lecteurs, auprès de qui le vrai n'a pas besoin d'ornemens, & qui n'attendent pas pour le saisir, qu'il soit devenu sensible aux yeux du vulgaire. Mais on a voulu, que je parlasse à tous les esprits : & combien peu sont accoutumés à refléchir ! La vérité est à l'entrée de notre ame ; il semble qu'il suffise, pour l'appercevoir, d'y jetter un regard en passant : mais pour cela il faut rentrer chez soi, & l'on ne s'en donne pas la peine. On diroit que l'homme n'habite toute sa vie que la surface de son être : si quelquefois forcé de se replier sur lui-même il vient à ſe pénétrer, il croit faire des découvertes, en ſe mettant en poſſeſſion de ſes propres richeſſes.

Je dis tout cela pour m'excuſer auprès de ceux qui croiront, que je les promene dans les regions les plus ſublimes de la métaphyſique, lorſque je ne ferai que ramener ſous leurs yeux les premieres & les plus ſimples des vérités. Elles font la baſe du droit des Nations : une regle auſſi commune & auſſi générale ne ſuppoſe pas des notions difficiles; elle doit être à la portée de tous les eſprits.

J'entreprends d'examiner, ſuivant les maximes du droit public, les titres de propriété, que la France & l'Angleterre font reſpectivement valoir ſur les pays de l'Amérique Septentrionale, qu'elles ſe diſputent aujourd'hui. Mais qu'eſt-ce que la propriété qui eſt alléguée par une Nation? Quelle en peut être la nature ou l'étendue? Quelle eſt l'origine de ce droit? Quels font les titres auxquels les Peuples font obligés de le reconnoître? Ce font autant de queſtions importantes, qu'il me paroît néceſſaire de traiter, avant d'entrer dans le détail des faits & des prétentions.

Le mot de *Propriété* eſt un de ceux que tout le monde croit entendre, & dont on s'aviſe rarement de demander une définition. C'eſt, dit-on, le droit de jouir de ſa choſe. Mais qu'entend-on par *ſa choſe* ? Ce mot ſup-

ſuppoſe le droit même que l'on voudroit expliquer. D'où il ſuit, qu'il faut néceſſairement remonter à l'origine & aux titres de celui-ci, pour ſe faire une idée juſte de ce que les hommes ont appellé *propriété*.

Exiſtoit-elle avant l'établiſſement de la ſociété civile ? Oui ſans doute, puiſque dans l'état de ſociété naturelle, l'homme jouiſſoit & avoit droit de jouir. Cependant cette propriété primitive n'eſt point celle que les hommes ſe diſputent aujourd'hui. Il y a donc deux ſortes de propriétés, l'une établie ſur le droit naturel, & antérieure à toute convention ; l'autre fondée uniquement ſur les loix des Nations & ſur le droit civil. Les titres, la nature & les différences de l'une & de l'autre méritent bien quelques réfléxions. Elles ne paroîtront point étrangères au plan que je me propoſe.

Je m'imagine être un de ces premiers hommes, qui n'eurent d'abord pour maîtres que la raiſon & leurs beſoins. Je me tranſporte à la naiſſance des ſiècles. Je découvre de toutes parts une multitude d'êtres qui me reſſemblent. Nés du même pere que moi, ils ſont ſans doute mes égaux ; ce ſoleil qui luit ſur nos têtes, ce fleuve majeſtueux, que je vois couler à quelque diſtance de moi, ce rivage émaillé de fleurs, enfin cette vaſte prairie couverte d'arbres chargés de fruits, & dans la-

quel-

quelle bondiſſent des animaux, qui me paroiſſent d'une nature inférieure à la mienne,
que d'objets flattent agréablement ma vûe !
Mais me croirai - je le ſeul maître de tout
cela ? Je ſens bien, que je puis en faire
uſage ; & l'Etre bienfaiĉteur qui a raſſemblé
autour de moi toutes ces richeſſes, les a
ſans doute deſtinées à mon utilité. Mais a-
t-il voulu qu'elles ne ſerviſſent qu'à moi ?
Cette penſée ne ſe préſente pas même à
mon eſprit ; & juſques - là l'idée confu-
ſe de propriété s'identifie, pour ainſi dire, avec le ſentiment qui me crie,
que tout eſt à moi, & que tout eſt à
mes freres.

Je quitte bientôt ce magnifique ſpe-
ĉtacle. Les beſoins que je ſens me
rappellent à mon exiſtence, & l'inſtinĉt
naturel me porte à ſa conſervation. Ce
fruit que je cueille & que je mange,
cette eau que je puiſe dans le creux de
ma main, cet amas de feuilles dont je
me fais un lit ; voilà mes premiers
biens.

J'augmente bientôt mes richeſſes. Je
me mets à l'abri d'une cabane de bran-
chages : j'y reſſerre une proviſion de
fruits, qui me diſpenſera de retourner
trop ſouvent à l'arbre qui les produit.
Une brebis que j'égorge me fournit une
toiſon pour m'habiller. La pierre aigue
que

que j'ai usée pour m'en faire une espéce de couteau, reste entre mes mains ;
je l'employerai encore au besoin. Une
idée plus distincte de propriété commence à se former dans mon ame. Il
faut bien que tout céla soit à moi en
propre, puisque qui que ce soit n'a le
droit de me l'enlever : mes titres sont,
la destination générale de la nature qui
présente les mêmes biens à tous ses en-
fants, & l'acte particulier par lequel je
m'applique cette portion de ses bienfaits.
Tout étoit commun entre les hommes.
J'avois donc quelque chose dans cette mas-
se indivise. Mon usage a déterminé mon
lot.

Dans ce premier état la vraie propriété ne peut se separer de la possession.
J'ensemence un champ voisin de ma cabane. Qu'un autre homme vienne pour
recueillir le fruit de mes sueurs, je lui
dirai, *ceci est à moi* : mais que mon
frere ait semé le premier, le voisinage
ne peut me donner le droit de profiter
de ses travaux. Telle est la voix de la
Nature, tel est le premier fondement de
nos droits.

Peu à peu le desir d'avoir & d'acquerir s'empare de mon ame. Je leve
les yeux ; le pays me plaît, & je dis :
Je possederai jusqu'au fleuve. Cet acte

de

de ma volonté suffit - il pour exclure tout autre homme qui viendroit ensuite s'établir sur ses bords ? La moindre refléxion me persuade de l'injustice de cette prétention. Où ai - je vû en effet, & quelle raison intérieure me dicte, que je puisse priver mon semblable de la possession d'un bien également offert à tous les hommes ? Mes regards auront parcouru l'horison : s'en suivra - t - il qu'il bornera désormais mon domaine ?

Cet autre genre de propriété qui s'étend au - delà de mes besoins & qui peut se séparer de l'usage actuel, n'a donc pas pour fondement l'état primitif de la société.

Il suppose un accord entre les hommes, un partage ou exprès ou tacite, qui s'est fait sans doute, lorsque la société naturelle, qui n'a jamais été détruite, a reçu, pour ainsi dire, au milieu d'elle ces différentes sociétés civiles, dans lesquelles ils se sont partagés.

Alors les loix particuliéres de cháque état, & les loix de tous les Etats entre eux, introduisirent deux nouvelles espéces de propriétés, que les hommes ne connurent point, tant qu'ils n'eurent d'autre regle que le droit naturel. L'une est cette propriété civile, que le droit d'une

Na-

Nation assure aux particuliers qui la composent ; l'autre est cette propriété politique, qui appartient aux Etats, & dont
le droit des gens détermine le caractère &
l'étendue.

Remontons à l'origine de l'une & de
l'autre. C'est là qu'il faut chercher les
principes qui doivent en regler les effets.
Les hommes, qui d'abord ne faisoient qu'u-
ne vaste famille, se diviserent bientôt en
une multitude de familles particuliéres.
Elles formerent vraisemblablement les premiers Etats. Chacune se choisit un lieu
commode pour s'y fixer ; le premier soin
fut d'y bâtir une ville, ou si l'on veut
une bourgade ; c'étoit d'abord un assemblage assez irrégulier de cabanes mal bâ-
ties : tel étoit le siége de l'Etat, tel a
été le berceau des plus puissans Empires.

Aux environs de cette ville naissante,
les particuliers cultivent des terres. Ce
qui n'est d'abord pour chacun, qu'une
possession naturelle, fondée sur l'usage actuel, devient une propriété civile, établie
sur la convention, & protégée par les loix
que cette société se fait à elle-même. L'autorité la fait respecter, la force punit l'infracteur.

I 4

Mais

Mais l'Etat, ou si l'on veut, la Société prise collectivement, n'a-t-elle sur le pays aucun autre droit ni aucun autre genre de possession ? & sa jouissance n'est-elle que le résultat, ou, pour ainsi dire, la somme de toutes ces jouissances particuliéres ? Quoi ! si autour de cette bourgade les habitans laissent quelque terrain inculte, soit pour la facilité du commerce, soit pour l'agrément de la chasse ; une autre société sera-t-elle en droit de venir s'en emparer, en reclamant la loi naturelle ? Non : & en effet le droit naturel est ici modifié par le droit des gens. Si la Nature veut que chaque homme se conserve comme homme, elle veut aussi que chaque société se conserve comme société. Ainsi une Nation, en s'établissant dans une contrée, y acquiert tous les droits nécessaires à sa propre conservation. La possession qui appartient à l'Etat, n'est donc point limitée à l'usage actuel que chaque particulier fait du terrain ; mais à l'usage qu'elle en a voulu faire, & qu'elle en a réellement fait pour s'y maintenir & s'y conserver. En se fixant dans un pays, elle a voulu se mettre en état de jouir des avantages qu'il procure. Elle a donc réellement pris possession de tout ce qui est nécessairement & essentiellement lié à cette jouissance.

La

La réciprocité de ce droit écarte tout sujet de plainte. Ainsi, s'il n'y avoit eu que la moitié des hommes qui se fussent réunis en sociétés particuliéres, & si les Etats qu'ils auroient formés avoient partagé entre eux toute la terre, l'autre moitié eût pû crier à l'injustice, lorsqu'elle se seroit trouvée par tout excluse d'un terrain, que la Nature a rendu commun à tout le monde. Mais on m'avouera, que la plainte eût été ridicule dans une Nation, qui ayant ' elle - même un territoire, auroit trouvé mauvais, que la Nation voisine ne voulût pas lui céder le sien.

Le premier droit qu'acquiert un peuple, dans la contrée où il fonde un Etat, est donc celui de s'y conserver : le second est celui d'y faire exécuter ses loix. Le particulier se saisit d'un champ en le cultivant & en s'y logeant : une société s'empare d'un pays en y distribuant les hommes qui se sont unis pour la composer, en y établissant son commerce, en y faisant respecter son autorité. Le signe de la propriété des particuliers est la jouissance des fruits : celui de la propriété d'un Etat est l'exercice de la puissance publique : *ad Reges,* dit Séneque, *potestas omnium pertinet, ad*

I 5

fin-

ſingulos proprietas... Omnia Rex imperio poſ-ſidet, ſinguli dominio (a).

Les ſociétés ainſi formées ayant couvert la terre, s'accoutûmerent à traiter entre elles ; & ce que le droit naturel avoit commencé, les conventions l'acheverent ; l'uſage des peuples policés devint lui-même une eſpéce de convention, & regla les limites de chaque établiſſement.

On voit en effet, que les Etats peuvent être conſidérés comme autant *d'individus*, qui ont entre eux les mêmes rapports qui ſubſiſtoient entre les hommes avant l'établiſſement de la ſociété civile : delà les devoirs de juſtice & d'humanité de peuple à peuple ; delà le droit de guerre inſéparable, dans l'état de Nature, du droit de ſe conſerver. Sous ce point de vûe, la regle commune des Nations eſt le droit naturel.

Mais ces Etats, conſidérés tous enſemble, forment eux-mêmes ſur la terre une

(a) Les Rois ont le gouvernement, & les particuliers la propriété du païs. Les uns ne poſſedent que par le droit de commander, les autres par le droit de jouir. *Senec. Lib. 7. de Benef. c. 4. & 5.* Η χώρα της πόλεως, ἀλλ'ὐδὲν ἧττον τῶν κεκτημένων ἕκαστος κύριος ἐστι τῶν ἑαυτῦ. Le païs appartient à l'Etat, quoique chaque particulier y ſoit maître de ſon propre domaine. *Dion. Pruſ. or. 31.*

une société, qui par des conventions ex-
presses ou par un usage universel & réci-
proque, s'est fait une espéce de droit
distinct, & séparé du droit naturel. On
le nomme droit des gens; & il est aux
Nations prises collectivement, ce qu'est
le droit civil d'un peuple aux particuliers
qui le composent.

C'est ce droit qui détermina l'étendue
des Etats, & qui en fixa les limites. La
culture des terres défrichées, l'usage public
& commun des terrains qui ne l'étoient
point encore, la nécessité ou même l'utilité dont ils pouvoient être à la conservation du chef-lieu, tels furent, toutes
choses égales, les motifs sur lesquels on
se fonda pour assigner à chaque peuple
son véritable territoire, & qui devinrent
par la suite la base des traités. On
consulta, pour ainsi dire, la Nature : les
barriéres par lesquelles elle avoit séparé
différentes contrées devinrent peu-à-peu
des bornes de convention. Et comme,
entre les possessions des particuliers, un arbre, un ruisseau paroissent quelquefois
destinés à former une borne permanente
& reconnoissable ; il arriva quelquefois
qu'une chaîne de montagnes devint la séparation de deux Etats. C'est ainsi, par
exemple, que la Nature semble avoir in-
diqué les limites qui devoient dans tous

les

les tems féparer la France de l'Italie & de l'Efpagne, & l'Italie de l'Allemagne.

Je ne puis que peu à peu, & qu'avec quelque étendue développer l'ufage de tous ces principes. On en appercevra encore mieux la juftesse, par l'application que j'en ferai dans la suite. Il me fuffit pour à préfent, d'avoir fait entrevoir ce que le droit des gens, cette regle formée des ufages & des conventions qui lient entre eux les peuples policés, a (par rapport à la maniere dont les Etats acquiérent & poffedent) ajouté au droit naturel qui gouverna feul les premiéres fociétés. La propriété d'une Nation tient aux loix de la nature, qui affectent un terrain, à la fociété qui s'en empare la premiére ; mais elle n'en eft pas moins régie par le droit des gens, qui détermine feul les caractères auxquels on reconnoît cette efpèce *d'occupation* d'un terrain vacant, qui en regle l'étendue & les bornes ; enfin, qui en exclut toute Nation, qui ne pourroit s'y introduire fans enlever à celle qui s'y eft établie la premiére, les avantages fur lefquels elle a eu droit de compter en s'y plaçant.

On retrouve dans les hiftoires les plus anciennes, & l'origine de ces différentes efpéces de propriétés, &, pour ainfi dire,

la

la naissance du droit des Nations. Abraham ne voulut point avoir d'autre propriété, que celle qui est fondée sur le droit naturel. Il conduisoit ses troupeaux, & se mettoit en possession du champ le plus riche en pâturages. Le puits que ses domestiques creusoient devenoit le symbole de cette propriété passagere ; il lui appartenoit, parce qu'il étoit son ouvrage ; mais sa famille retirée, un autre s'emparoit du terrain & y avoit le même droit. Voilà la propriété naturelle.

Cependant de son tems les Etats se formoient. Chaque ville portoit le nom du chef de famille par lequel elle étoit gouvernée : tels étoient ces premiers Rois, dont cinq furent défaits par ce grand homme. Mais quelque peu étendue que fût leur domination, ils n'en avoient pas moins un territoire, & le droit d'en exclure tout étranger. Aussi Abraham arrivoit-il dans un pays dont une famille s'étoit déja mise en possession ? il faisoit alliance avec elle. Telle fut celle qu'il contracta avec Mambré & ses deux freres (*a*), lorsqu'il vint camper dans leur vallée.

Ne le voit-on pas reconnoître l'empire du droit des Nations, lorsqu'il vient dire

aux

______
(*a*) Gen. 14.

aux enfans de Heth, qui formoient un Etat naiſſant, *Je ſuis étranger par rapport à vous, accordez - moi un droit de ſepulture dans votre territore* (a). Si le droit des gens n'eut pas dès - lors dérogé au droit naturel, quoi de plus conforme à la liberté, dont tous les hommes jouiſſoient avant l'établiſſement des ſociétés civiles, que de pouvoir enterrer une femme ou un parent, partout où on le juge à propos? Cependant Abraham reconnoît le droit excluſif de la République des Hétéens. Voilà la propriété de l'Etat, diſtinĉte & ſeparée de celle des particuliers. C'eſt à la ſociété entiére qu'il s'adreſſe, pour obtenir d'elle un droit dont elle peut l'exclure ; & ce n'eſt qu'après l'avoir obtenu, qu'il achete de l'un des citoyens ce champ, le ſeul dont il ait eu le domaine indépendant de la poſſeſſion. Voilà la propriété civile : voilà l'application de mes principes faite pour ainſi dire dès l'enfance même des Etats.

Il eſt vrai qu'alors les acquiſitions d'un Etat étoient proportionnées au petit nombre des citoyens qui le compoſoient. Elles ne devinrent vaſtes & étendues que lorſque de la réunion des pluſieurs petites Sociétés ſe furent formés des grands & des puiſſans Empires.

Cet

______

(a) *Advena ſum & peregrinus apud vos : date mihi ius ſepulcri vobiſcum.* Gen, 23.

Cet accroiſſement des Etats ſe fit de deux maniéres ; l'une, lorſqu'un peuple ſe ſoumit, ou par force, ou volontairement, au Gouvernement du peuple voiſin ; l'autre, lorſqu'une nation trop nombreuſe & trop reſſerrée dans la contrée qu'elle avoit d'abord choiſie, s'empara d'une contrée voiſine, où perſonne n'étoit encore établi. La premiere ſuppoſe la réunion de deux Sociétés en une ſeule, ce qui ſe fait ou par l'incorporation volontaire, ou par la conquête. La ſeconde ſuppoſe ſeulement l'acceſſion d'un pays vacant, au territoire d'une Société déja formée.

Je diſtingue, comme on le voit, cette ſeconde maniere d'acquerir, du droit de conquête. On ne fait point la conquête d'un pays qui n'appartient à perſonne : on s'y place.

Mais ce droit de conquête même, il eſt néceſſaire d'en marquer ici la nature & les caracteres, pour prévenir les équivoques, qui pourroient par la ſuite ſe rencontrer dans les raiſonnemens, par leſquels la France & l'Angleterre ſoutiennent chacune leurs prétentions.

La conquête ſuppoſe la guerre, & celle-ci éxige un motif de juſtice, qui ſe réduit en derniere analyſe à la néceſſité de
ſe

se défendre. Une nation qui n'eſt point barbare, ne conquert que pour ſe conſerver elle - même, en ſoumettant un ennemi qui a entrepris de lui nuire. La conquête eſt alors un juſte titre de propriété. Un peuple mérite d'être dépouillé de ſon Gouvernement, lorſqu'il en abuſe, pour troubler l'harmonie générale qui lie les nations.

Ceſſant ce motif d'une guerre légitime, la conquête eſt une uſurpation. Le brigand n'acquiert aucun droit ſur le pays qu'il a ravagé. Sa retraite laiſſe au vaincu ſa liberté, ſes loix, & le pouvoir de ſe donner à un autre.

Mais quel ſera le juge entre le vaincu qui ſe dit opprimé, & le vainqueur qui ſe croit un conquérant ? Ni l'un ni l'autre ne peut l'être, & ils ne reconnoiſſent point de ſupérieur. De là vient la néceſſité d'un traité, qui aſſure à l'un ſa conquête, ou qui rétabliſſe l'autre dans ſa poſſeſſion.

MEMOIRES
POUR SERVIR 'A
L'HISTOIRE
DE NOTRE TEMS,
PAR-RAPPORT A LA GUERRE
ANGLO - GALLICANE.

(10.)

SUITE DE L'EXAMEN DES DROITS AN-GLO-GALLICANS SUR L'AMERIQUE SEPTENTRIONALE.

SI une convention expresse ne fixe pas les droits, alors la possession tranquille du pays conquis devient une convention tacite, qui forme un titre pour le conquérant, & qui dispense d'examiner à la grande rigueur le motif de l'invasion. Le vainqueur donnera des loix, établira des magistrats, levera les impôts qui se payoient avant la conquête. Tant qu'il tenoit au vaincu le pied sur la gorge, il ne le gouvernoit point; mais la violence cessée & les loix établies, si celui-ci ne se releve point, il consent à demeurer soumis. En un mot l'Etat, ou, ce qui est la même chose, le Souverain commence à posséder le pays conquis au moment qu'il commence à le gouverner.

K   Tels

Tels sont les principes du droit des Nations. Telles sont les maximes que je dois regarder comme avouées par tous les peuples, & sur lesquelles nous pouvons examiner leurs droits. Ceux dont je veux aujourd'hui rendre les Lecteurs juges, méritent bien d'être discutés avec méthode & précision. J'avertis que j'oublie dans ce moment tout ce que l'Angleterre a fait jusqu'ici. On peut avoir de bonnes raisons & de mauvais procédés. C'est à la France à vanger ses injures, je ne veux peser que ses droits. Si elle a raison, ils doivent être antérieurs aux pirateries dont elle se plaint. Je puis, comme citoyen du monde, faire des vœux pour elle, mais ils seront hors de la balance. Je dois la tenir égale, & n'y mettre que des titres & des raisons.

Il suit, des vérités que je viens de parcourir:
1. Que celui qui n'a qu'un droit naturel au terrain qu'il occupe, le perd en l'abandonnant. La loi civile ne lui assure rien, & la loi naturelle ne lui donne qu'autant qu'il possède.

2. Que loin que la vûe ou la découverte d'un champ m'en rende propriétaire, dans l'état naturel la volonté même, que j'ai de m'y établir, ne peut faire un titre en ma faveur, pour exclure celui qui s'en met le premier en possession.

3. Que cette propriété naturelle, qui n'est autre chose que la possession, peut devenir par la convention une propriété civile, & le devient, lorsque ceux qui seuls auroient droit de
s'op-

s'oppofer à ma jouiffance, confentent de me la laiffer.

4. Que la propriété civile peut être féparée de la jouiffance. Dès qu'elle n'eft pas appuïée fur une poffeffion, mais fur un titre qui fe trouve dans une loi publique, elle devient un droit dont je puis ceffer, pour un tems, de faire ufage fans le perdre pour cela.

5. Que la propriété des Nations n'eft pas mefurée fur l'occupation ou la jouiffance de chaque particulier; mais fur ce qu'éxige la confervation de l'Etat, & fur les droits dont il s'eft mis en poffeffion, en en faifant ufage.

6. Que le Droit des Gens a établi les regles fur lefquelles on peut juger de cette poffeffion, en indiquer les caractères, & en fixer les effets.

Après avoir pofé ces principes, réduifons à fon véritable état la grande queftion de propriété; fur laquelle il nous eft libre aujourd'hui de prendre notre raifon pour juge, fans pouvoir nous flatter qu'elle devienne pour cela l'arbitre des peuples.

Si cette queftion s'éleve entre les Nations Européennes établies dans l'Amérique Septentrionale, & les peuples naturels de ce pays, on oppoferoit fans doute à ceux-ci : 1. Qu'ils ont eux-mêmes favorifé l'établiffement & le commerce des Colonies Européennes: 2. Que ne connoiffant d'autre domaine, que celui de leurs cabanes; & bornant l'ufage qu'ils faifoient de leurs vaftes contrées & de leurs rivie-

res

res immenses, à la chasse & à la pêche, ils regardoient eux - mêmes comme vacans tous les pays, dont les Européens se font mis en possession : 3. Que ces Etrangers n'ont enlevé aux Nations sauvages de l'Amérique Septentrionale, ni une propriété dont ceux-ci n'avoient pas la moindre idée, ni leur espéce de police & leurs usages qu'ils ont conservés.

Mais entre nous autres Européens & les Sauvages de cette partie de l'Amérique, la question est décidée par le consentement de tous ces peuples. Non-seulement le pays suffit, & pour eux & pour nous ; il contiendroit encore bien d'autres Colonies, si l'Europe étoit en état de les fournir, & si le superflu des Nations, au lieu d'être exterminé par la guerre, pouvoit se répandre dans cet autre hémisphere, dont plus des trois quarts ne font point encore défrichés. Les Sauvages non-seulement ne s'opposeroient point à ces établissemens, mais y trouveroient au contraire de grands avantages, si la bonne-foi qui est de tout pays, & l'humanité qui est le lien général de tous les cœurs, présidoient toujours à notre commerce, & si, en leur portant nos richesses, nous pouvions laisser nos vices en deça de l'Océan. Ils nous regardent comme des hommes particuliérement favorisés du *grand esprit* : nous serions pour eux des génies tutelaires, s'ils ne nous connoissoient que par nos bienfaits. Je ne nomme point ainsi le présent que nous leur avons fait de nos armes à feu & de nos eaux-
de-

de - vie, dont ils n'ont que trop souvent abu-
sé ;   mais quelle haute idée auroient - ils de
nous , si nous ne leur avions porté que la con-
noissance du vrai Dieu, les bons exemples des premiers Missionaires François , l'art de cultiver
les terres, & toutes les sciences utiles à la conservation des hommes ?

Quoi qu'il en soit , la question n'intéressant
aujourd'hui que les Nations de l'Europe ,
nous pouvons , dans la dispute présente , regarder comme pays vacans tous ceux qui ne
sont habités que par des Sauvages : non que je
pense qu'un Souverain d'Europe peut libéralement donner à l'un de ses sujets tous les pays
habités par les Infidéles ; mais parce que réellement ces Infidéles s'embarassent très - peu de notre propriété , & nous la laisseront du meilleur
de leur cœur , tant qu'elle ne nuira point à
leur maniere de jouir, si différente de la nôtre.

Mais, si les Européens n'ont point employé
vis - à - vis les Sauvages de l'Amérique les loix
de la propriété, qui étoient inconnues & étrangères à ceux-ci, & qui, si elles leur eussent
été connues, eussent combatu pour eux contre
nous ; il n'en a pas été de même des Européens
entre eux. Etablis dans ces vastes contrées,
ils y ont porté leurs idées & leurs loix sur la
propriété & sur les territoires. Le Droit des
Gens, respecté dans l'ancien Continent entre les
Nations policées, a continué de régir celles-
ci depuis qu'elles se sont établies dans le nouveau. Ainsi on a connu en Amérique des ter-

K 3

ritoi-

ritoires & des limites. Ainsi les Colonies Européennes se sont mutuellement defendu ce qu'elles ont indistinctement permis à tous les Sauvages. Ceux-ci, propriétaires de leurs flèches & des dépouilles des bêtes qu'ils tuent à la chasse, & du reste usagers de tout le pays, sont admis également dans les Colonies Françoises & dans les Colonies Angloises ; tandis que les François & les Anglois s'excluent reciproquement de leurs possessions. Les mêmes loix prohibitives sont également observées à l'égard des étrangers dans les Etablissemens Espagnols & Portugais. Et ce droit de s'exclure mutuellement, né en Europe & transporté en Amérique, n'a pas donné atteinte à la liberté naturelle des Sauvages, qui n'ont jamais eu entre eux, ni propriété ni limites des terres.

Nous ne cherchons donc point ici les bornes qui séparent les François ou les Anglois des naturels du pays ; mais celles qui dans un pays habité librement par tous les Sauvages déterminent le territoire de ces deux Nations Européennes. Leurs titres & leur possession doivent être appréciés suivant les principes que je viens d'exposer. Je n'en connois point d'autres.

Ils suffisent pour faire rejetter irrévocablement un titre, que les Anglois ont fait valoir avec plus d'emphase que de justesse. C'est celui qu'ils voudroient tirer de la prétendue découverte du pays faite par Cabot en 1497. Je ne puis imaginer que des hommes raisonnables s'en soient fait un moyen sérieux. Pour-

Pourquoi les Anglois, dans une conteſtation auſſi intéreſſante que celle qu'ils ont aujourd'hui avec la France, combattent-ils leurs adverſaires avec de ſi foibles armes ? Quel avantage auroient ils ſur les François, ſi ceux-ci n'avoient à alléguer, que le voyage de quelque Navigateur, qui voguant ſous pavillon François, auroit apperçu de loin des terres inconnues ! Convenons, que ſi Sebaſtien Cabot revenoit au monde, il ſe trouveroit fort ſurpris d'entendre dire qu'il a acquis à l'Angleterre le Continent de l'Amérique Septentrionale. J'aimerois autant que la République de Veniſe, dont Cabot étoit citoyen, revendiquât aujourd'hui les riches contrées de la nouvelle Angleterre & de la nouvelle Yorck. Il eſt vrai, qu'il fit le voyage dans un vaiſſeau Anglois qu'Henry VII. lui permit d'equiper. Mais il l'arma à ſes frais ; c'étoit pour ſon compte, qu'il avoit entrepris de chercher par le Nord-oueſt un paſſage aux Indes Orientales. Mais quand il eût été au ſervice de la Grande-Bretagne, on ſait que Henry Hudſon étoit au ſervice de la compagnie Hollandoiſe de commerce, lorſqu'il découvrit en 1609. l'Isle Manhate. Les Hollandois s'établirent en 1614. dans le pays qu'il avoit viſité, le défricherent, y bâtirent des forts, & ils le poſſedoient depuis 50. ans, lorſqu'en 1664. il plut aux Anglois de les en chaſſer. Quel fut leur prétexte ? Ils dirent aux Hollandois, Henri Hudſon étoit né citoyen de la Nation Angloife. Cette puiſſante raiſon jointe à des forces redoutables l'emporta ſur l'ancienne poſſeſſion de ces bons Republicains, & ceux-ci furent trop heureux de recevoir dans la ſuite *Surinam*, par forme de dédommagement des dépenſes qu'ils avoient faites pour la culture des terres. Que manque-t-il donc, ſuivant les Anglois même, aux Vénitiens, pour faire valoir aujourd'hui contre l'Angleterre le droit, que les regards de Cabot peuvent leur avoir acquis dans le nouveau monde ?

Oui, ſans doute, Cabot vit des terres inconnues : il ne les apperçut qu'avec bien du chagrin ; & après s'être élevé juſqu'au 56. degré de latitude, & être redeſcendu juſques à la hauteur du pays que l'on a nommé depuis la Floride, il revint en Angleterre, ſans avoir ſeulement débarqué en Amérique, & très-mécontent de n'avoir pû ſe frayer une route, qui le menât *à l'Eſt où croiſſent les epices (a)*. Mais on étoit alors bien éloigné de regarder à Londres ce voyage comme une acquiſition ; il ne donna pas même l'idée d'un projet. Cabot alla offrir ſes ſervices à l'Eſpagne, & ne reparut pas en Angleterre.

Laiſſons là les Vénitiens. Les Anglois voudroient-ils que Chriſtophe Colomb, dont les voyages ſont certainement antérieurs à la courſe de Cabot, eût, au même titre, acquis tout le nouveau monde, ou à la Répub-

(a) Diſc. de Sebaſt. Cabot, Hackluit. tom. 3.

publique de Gênes dont il étoit sujet, ou à l'Espagne qui l'employa ? Et consentirions-nous, que les François, qui dès le 14. siècle ont vû & fréquenté les côtes Occidentales de l'Afrique, se fissent de cette découverte un titre pour s'en prétendre les maîtres ? J'imagine que si quelques Algonquins ou quelques Iroquois eussent pu traverser le (*a*) *Grand Lac* dans leurs canots, & parvenir jusqu'à appercevoir les Côtes de France ou d'Irlande, ce seroit aujourd'hui un beau sujet de guerre entre eux, que la question de sçavoir qui des deux Peuples est propriétaire de l'Europe.

Que seroit-ce même s'il falloit déterminer, sur la longueur du rayon visuel du sauvage, l'étendue du pays qu'il auroit acquis à sa Nation ? Car si la découverte fait un titre de possession ou de propriété, l'une & l'autre doivent être restreintes au pays qui a été apperçu ; & il seroit bien singulier, qu'en jettant les yeux sur les côtes de France, on pût s'acquerir un droit sur l'Allemagne ou sur la Pologne.

Si cela est, n'étoit-il pas nécessaire que ceux des Anglois, qui ont inventé ce bel argument, appellassent à leur secours les regles de l'optique & les calculs des Mathématiques ? C'étoit un beau problême à résoudre, que celui qui auroit eu pour objet, de fixer sur le terrain l'espace dont l'image a dû se peindre sur la retine de Cabot, & de déterminer,

K 5

par

(*a*) C'est ainsi que les Sauvages nomment la Mer.

par les différens points qu'il a parcourus, les différentes ouvertures de son angle visuel. Je doute avec tout cela, que Cabot, quand on lui donneroit les yeux les plus perçans, eût pû acquerir à l'Angleterre autre chose que quelques rochers de Terre-Neuve, & quelques côtes de la Nouvelle Angleterre.

Franchement, je serois presque tenté de croire, que les Politiques Anglois ont, dans leurs ouvrages les plus sérieux, des argumens pour le sage, & des raisonnemens pour la populace : à peu près comme ils cousent, sur leurs théatres, aux morceaux du plus grand tragique, des bouffonneries dignes de *l'Arlicchino* des Italiens. Je respecte très - fort la memoire de Messieurs Cabot, pere & fils; mais je ne puis croire qu'on leur doive la découverte du Canada : cependant, quand l'Europe leur auroit cette obligation, il seroit bien singulier qu'ils eussent, sans y penser, donné une Souveraineté à la Couronne d'Angleterre. Un Etat ne peut être propriétaire sans acquerir. Pour cela, il faut, suivant le droit naturel, au moins un acte de possession : qui n'existe jamais sans la volonté de posseder. Or Cabot ne mit pas les pieds sur les côtes de l'Amérique Septentrionale. Cabot fut bien fâché de les rencontrer. Cabot, enfin, ne songea point à y revenir. J'en ai trop dit, laissons pour jamais dormir la mémoire de ce premier fondateur de l'Empire Britannique dans le nouveau monde.

On

On voit que j'élague ma matiere, en commençant par écarter tout ce qui ne mérite pas la peine d'être traité férieufement. Je n'ofe pour à-préfent entreprendre d'aller plus loin. Il me fuffit d'avoir formé un corps des différens principes dont je ferai l'application. Je les regarde comme autant d'Axiomes communs à toute Société ; &, réfolu de ne préfenter que des faits puifés dans les Hiftoriens les plus dignes de foi, & dans les monumens les plus authentiques, je ne prendrai pour regle que les loix des Nations. Leur raifon doit ici décider.

Pourquoi n'en eft-il pas une affez puiffante pour fe faire entendre également à tous ceux qui gouvernent les peuples ? Pourquoi la Juftice ne parle-t-elle qu'à l'efprit, tandis que les paffions entraînent la volonté ? Je crains véritablement pour l'Angleterre. Veut-elle donc aliéner tous les efprits, & fe faire des ennemis de toutes les Puiffances de l'Europe ?

Qu'on ne me demande plus mes conjectures fur tout ceci. Je crois voir dans les Confeils qui fe font emparés de la confiance du Monarque Anglois, cette fougue aveugle qui prépare les voies aux révolutions, & pour emprunter l'expreffion d'un Poëte François,

> *Cet efprit d'imprudence &*
> *d'erreur (a).....*

Ah! je n'ofe achever.

(a) Rac. Athalie.

Il est certain, que les territoires des Européens en Amérique doivent leur origine, non à la découverte vraie ou fausse de ces pays inconnus pendant tant de siécles, mais à des prises de possession suivies d'établissemens stables.

La prise de possession est un acte public, par lequel une nation, en mettant les pieds dans un pays, déclare qu'elle entend s'y établir, s'y conserver, y faire le commerce, & en exclure tous les peuples qui voudroient par la suite venir lui disputer ses droits. C'est en même-tems un espèce de signal, qui avertit les autres Puissances de réclamer ceux qu'elles peuvent prétendre sur la contrée vacante. Leur silence est un aveu qu'elles n'en ont aucun. Voilà le premier titre des Colonies Européennes.

Mais cette prise de possession n'est après tout, qu'un acte & un signe de la volonté du Souverain ou de l'Etat; & j'ai fait voir, qu'il ne suffisoit pas de vouloir s'établir dans un pays pour en devenir propriétaire. La prise de possession n'est donc rien, si elle n'est suivie de cette possession politique, qui naît de l'usage que la nation fait du pays.

Cet usage est de deux espèces. L'un est la culture des terres; l'autre est le commerce. Tel a été le double objet des Colonies que les Européens ont envoyées en Amérique. Tels sont, qu'on me passe cette expression, les deux bras par lesquels un Etat déja formé embrasse un pays vacant, dont il ajoute le territoire au sien. Je dis.

dis un Etat déja formé : car ces deux caractères n'étoient point nécessaires à la possession des premiéres Colonies, qui dans l'origine de la société furent le germe des Etats; & c'est une différence bien essentielle, que je dois faire remarquer entre les Colonies du tems d'Abraham, dont j'ai déja parlé, & celles qui, depuis deux siècles, se sont établies dans le nouveau monde.

En effet, lorsque les premiers Etats se formerent, c'étoient comme je l'ai remarqué, autant de familles ou de petites sociétés, qui s'emparant d'un terrain proportionné au petit nombre de Citoyens, qu'elles renfermoient, ne prenoient possession que du chef-lieu & du territoire nécessaire à leur défense & à leur conservation. Or il eût été absurde d'imaginer, qu'une petite monarchie, composée de cinq ou six cens personnes, eût eu besoin, pour sa conservation, d'un territoire de cinquante lieues en tout sens.

Supposons, par exemple, que différentes troupes d'Européens, qui n'auroient encore ni société civile entre eux, ni d'autres liens que ceux de la loi naturelle, vinssent fonder différens établissemens sur les bords du fleuve Saint-Laurent, depuis Gaspé jusqu'aux Lacs, ou depuis les Lacs jusques au fleuve Saint-Louis. Il est bien certain, que chaque Bourgade formeroit un Etat isolé, & que les terrains intermediaires, s'ils n'étoient pas absolument nécessaires à ces differens petits Etats, seroient au-

tant

tant de places vacantes pour des établissemens étrangers. La raison en est sensible : chaque Bourgade & sa petite banlieue est l'Etat entier. Tout est concentré dans le chef-lieu. La société qui le compose, doit alors naturellement s'étendre du centre à la circonférence : mais, tant qu'elle n'a point jetté de branches hors de son sein, son territoire est extrêmement borné; & comme elle ne fait le commerce qu'avec l'étranger, elle n'a pas besoin de canaux & de communications, qui fassent circuler sur elle-même ses propres richesses.

Je suppose au contraire, que cette même multitude d'hommes, qui vient s'établir en Amérique, fait partie d'un Etat déja subsistant en Europe. Liés ensemble par les mêmes loix & par l'obéissance au même Souverain, ils ne vont pas former plusieurs petits Etats separés & indépendans ; c'est une seule & même Colonie qu'ils vont fonder, mais une Colonie composée d'un grand nombre d'établissemens, tous soumis au même gouvernement, tous obligés de se secourir mutuellement, & de partager comme ils le faisoient avant la transmigration, les intérêts de la Cause commune.

Cette Colonie aura, comme on le voit, un double commerce: l'un extérieur, qui se fait en passant de dessus son territoire sur le territoire d'autrui: l'autre intérieur; j'entends par-là non-seulement la communication que se font réciproquement de leurs biens les différentes parties qui

com-

compofent ce tout politique, mais encore cette correfpondance, qui, facilitant l'exercice de l'autorité du Gouvernement, fait concourir tous les membres de l'Etat à la fûreté & à la tranquillité générale.

De-là cette relation indifpenfable entre les différens établiffemens d'une même nation : de-là la poffeffion.des terrains intermediaires, quand ils ne feroient ni défrichés, ni défendus par des Forts. Un peuple étranger ne peut plus venir intercepter cette communication, fans enlever à la Colonie ainfi fondée, l'avantage du commerce intérieur, qui eft entré dans le plan de fon établiffement. Cette communication eft un droit naturel, dont elle a pris poffeffion par l'ufage foutenu & fuivi qu'elle en a fait. A peu près, comme ces premiers habitans de l'univers, dont j'ai parlé ci - devant, ne pouvoient fe bâtir un village, fans prendre poffeffion en même-tems des efpaces qui f paroient leurs cabanes, & des rues par lefquelles elles fe communiquoient. Dans l'hypothéfe préfente, la nation Européenne qui envoye une Colonie, eft une : ce ne font pas différents petits territoires qu'elle a voulu acquerir ; elle a voulu s'en former un feul, mais proportionné dans fon étendue, à la défenfe du corps entier, aux liaifons néceffaires entre chaque membre, à la nature & à l'objet de leur commerce. Elle a pû fe faire ce territoire, puifque le pays étoit vacant. Il ne refte plus alors qu'à examiner, fi cette commu-

munication, qui eſt un titre de poſſeſſion des terrains intermediaires, a réellement exiſté.   Il
n'eſt pas néceſſaire pour cela d'indiquer des Forts,
il n'y a que des faits à vérifier.   Mais s'ils ſont
une fois conſtants, ils forment un droit pour la
nation qui les allegue.   Elle peut exclure toute
peuplade étrangere, d'un pays néceſſaire à la
conſervation de ſon commerce, d'un terrain
en un mot, ſans lequel elle perdroit abſolument le genre d'exiſtence, qu'elle a voulu ſe
procurer.

MEMOIRES
POUR SERVIR 'A
L'HISTOIRE
DE NOTRE TEMS,
PAR-RAPPORT A LA GUERRE
ANGLO-GALLICANE.

(11.)

FUTILITE' DU PRINCIPAL FONDEMENT
DES PRETENSIONS ANGLOISES.

IL est univerſellement reconnu par toutes les nations qui ont des territoires,
que les Souverains de l'Europe ne ſont
pas moins les maîtres des terrains qui peuvent
encore reſter à défricher dans leurs Etats, que
des pays cultivés & habités. Que diroit l'Angleterre ſi une Colonie de Hollandois ou de Da-
nois vénoit fonder un établiſſement dans quelque Contrée déſerte des montagnes d'Ecoſſe ?
Sa Majeſté Catholique ſouffriroit-elle, qu'une
troupe de François fugitifs, formât une Colonie indépendante, dans quelque portion de ſon
Royaume, qui ſeroit encore ſans cultivateurs
& ſans habitans ? Le pere du Roi de Pruſſe dé-
fricha une partie de ſes Etats : ce travail ſi utile ajouta-t-il quelque choſe à ſa propriété ?

L   Pour

Pour donner aux nouveaux établissemens en Amérique une confiftance publique & authentique, les Souverains ou les Etats de l'Europe les ont autorifés par des Commiffions, par des Chartes, ou par d'autres actes publics revêtus du fceau de leur autorité.

C'eft encore un genre de titres dont il faut examiner la jufte valeur. C'eft avoir beaucoup fait dans un procès de cette nature, que d'avoir rejetté les pièces inutiles, ou d'avoir fixé le degré d'autorité de celles qui méritent quelque confidération.

Je ne crois pas, qu'il vienne dans l'efprit d'un homme raifonnable, que des lettres patentes, par lefquelles un Souverain aura permis à fes fujets de s'établir dans un pays vacant, foient par elles-mêmes des titres de propriété, que l'on puiffe oppofer au refte du genre humain.

1. La propriété d'un Etat n'eft fondée que fur le droit naturel & fur le droit des gens. Or le droit naturel ne donne, qu'à celui qui poffède; le droit des gens fuppofe une efpéce de convention entre les peuples; & il n'y en a aucune qui autorife un Souverain à difpofer, au préjudice de tous les autres Etats, d'un pays auquel ils ont un droit égal.

2. Suivant le droit des gens même, un fimple acte de volonté ne fuffit pas pour acquerir. C'eft ce que les Loix civiles des Etats policés ont exprimé, en difant que perfonne ne pouvoit fe faire un titre à foi-même. Or une
Charte

Charte qui permet à une Colonie de s'établir, tant qu'elle n'eſt point exécutée par un établiſſement réel, n'eſt autre choſe que la déclaration de la volonté du Prince.

Il ſuit de là, que ſi la Colonie qui vient en vertu d'une Charte ſe fixer dans un pays, le trouve poſſédé par un autre peuple, elle alléguera en vain les ordres d'un Souverain auquel celui-ci n'eſt point obligé d'obéir. Toutes ces ſortes de Chartes ſuppoſent donc le pays vacant. C'eſt une condition qu'on a ſoin d'y exprimer: mais quand on l'omettroit, le droit des gens la ſupplée.

Il y a plus; la Colonie fondée en vertu d'une Charte, n'acquiert réellement, que ce qu'elle a poſſédé des deux manieres que j'ai déja indiquées. Il ſeroit beau en effet, qu'un Souverain comprît dans des lettres de conceſſion, toutes les terres depuis la mer du Nord juſqu'à celle du Sud; & que ſur le fondement d'un pareil titre, un Etat voulût exclure des vaſtes Contrées de l'Amérique toutes les autres Nations.

Je me rappelle cette fameuſe Bulle de *démarcation* donnée en 1493. par le Pape Alexandre VI, & qui pour mettre d'accord les Eſpagnols & les Portugais au ſujet de leurs découvertes, traça d'un pole à l'autre, une ligne deſtinée à ſéparer ces deux Nations. Tel fut le premier modele de ces ſortes de Diplômes. Soupçonneroit-on les Anglois d'avoir emprunté d'Alexandre VI, cette maniere commode de limiter les Etats? Et ſi le Portugal leur oppoſoit

au-

aujourd'hui cette Bulle, imagineroit-on qu'ils eussent un grand respect pour elle?

Cependant, lorsque j'examine les Cartes que les Géographes Anglois ont publiées depuis quelques tems, je retrouve partout de semblables lignes de *demarcation* : elles indiquent les Chartes, par lesquelles elles ont été déterminées.

Je ne trouve entre ces lignes & celle que fit tracer Alexandre VI, que deux différences. 1. Celle du Pape fut tirée du Nord au Midy : c'est une ligne Méridienne ; Au lieu que celles dont les Anglois font tant de cas, sont tracées de l'Est à l'Ouest & paralleles à l'Equateur. 2. La ligne de démarcation d'Alexandre VI. servit, ou au moins dut servir à terminer les contestations de deux Etats, qui l'avoient pris pour arbitre ; & je ne vois point dans l'histoire qu'aucun Souverain d'Europe s'en soit rapporté sur les limites de ses possessions à la décision des Rois d'Angleterre.

Je conviens que ces sortes de limites sont fort commodes : il est plus facile de comprendre un vaste Empire entre deux paralleles, tracées dans le cabinet d'un Ministre & par la main d'un Géographe, que de fixer, sur la possession réelle de chaque nation, ce qui doit lui appartenir. Une telle méthode dispense des fatigues de la navigation, des travaux de la découverte, des dépenses de l'Etablissement. Si l'on parcourt ces belles cartes de M. Mitchell, qui ont été publiées en Angleterre avec l'approbation

tion du Bureau du Commerce & des plantations, on y verra ces lignes droites tirées depuis les bords de l'Océan Atlantique jufqu'au grand fleuve du Miffiffipi.   Le hardi Géographe qui les a tracées n'eft arrêté ni par les fleuves, ni par les montagnes.   Que lui font les Etabliffe-mens qu'il rencontre fur fon chemin? Il ne de-mande pas même, fi les Anglois ont jamais mis les pieds dans le pays dont il fixe les limites: il conduiroit fes paralleles jufqu'à la Chine, fi les Anglois pouvoient y pénétrer par la mer du Sud. Mais croit-on que les Efpagnols ayent pour cet-te ligne de démarcation, qui rafe le Golphe du Mexique & entame la Floride, cette efpéce de confidération que leurs peres eurent pour la Bul-le d'Alexandre VI? Et quand quelque Charte des Rois d'Angleterre auroit fixé aux Etabliffe-mens Anglois cette borne méridionale, le Roi Catholique regarderoit-il comme une loi fu-prême, un Refcrit qui lui enleve tous les pays habités par fes fujets au Midi de la riviere d'Ala-tamaha?

Non, de peuple à peuple, les Lettres-pa-tentes d'un Souverain ne donnent ni n'ôtent au-cun droit. Ces Chartes Angloifes, qui ont di-fpofé libéralement de tous les pays enfermés en-tre deux paralleles, quoiqu'ils ne fuffent point encore découverts, & que loin d'être aujour-d'hui habités par des Anglois, ils leur foient encore pour la plûpart inconnus, ne peu-vent être regardées par rapport aux autres Nations, ni comme un titre exclufif de

L 3

pro-

propriété, ni même comme un acte de possession.

Quel est donc le caractere & l'effet de ces sortes de Chartes & d'Actes publics? Ce sont, des permissions données par un Souverain à quelques-uns de ses sujets, de s'établir dans un pays découvert ou à découvrir: ce sont des défenses à ses autres sujets d'y tenter des découvertes ou des établissemens: en un mot, c'est un privilége exclusif de commerce ou de plantations, qui peut faire loi entre les sujets du Souverain qui l'accorde; mais qu'il seroit bien inutile d'opposer à une Colonie étrangere, d'ont l'établissement réel auroit prévenu l'exercice de ce privilége.

N'enlevons cependant, ni aux François, ni aux Anglois ces actes de concession de leurs Souverains. Toutes choses égales, elles ne doivent point être absolument rejettées: elles indiquent au moins la volonté & le projet d'un Etablissement; mais elles ne signifient que cela.

Je dis quelque chose de plus des provisions accordées aux Gouverneurs d'un pays déja découvert, & d'une Colonie toute fondée. Je sçai bien qu'il ne tient qu'à un Monarque de l'Europe de multiplier les titres de ses officiers, & de leur faire sur le parchemin un gouvernement, bien différent de celui dont ils jouissent réellement sur les lieux. Mais lorsque les titres ont été connus & non contredits, lorsque plusieurs Officiers qui se sont succédé sans interruption, les ont portés au vû & au sçû des au-

tres

tres Nations, lorsqu'ils ont fait, en conséquence, des actes d'autorité dans le pays même,
dont le Gouvernement leur étoit confié; alors,
des provisions qui par elles-mêmes ne feroient
point un titre, deviennent par l'exercice public
d'une autorité (dont elles ne feroient, seules, qu'un
signe très-équivoque) des actes de possession
notoire, & peuvent surtout être opposées aux
Etats, qui, dans aucun tems, n'ont jamais
rien prétendu sur les Contrées qui y sont com-
prises.

Cette discussion paroîtra sans doute un peu
sèche: mais je l'ai regardée comme nécessaire,
& j'ai saisi le tems où l'Europe se tait, pour ainsi
dire, dans l'attente des grands événemens auxquels elle doit prendre part. Bien-tôt peut-
être la multitude des faits publics & la combi-
naison de tant d'intérêts politiques, dont les
ressorts vont sans doute se développer, ne nous
laissera que très-peu de loisir pour nous occuper du droit des nations. Comment faire parler les loix, si l'Europe en feu n'est plus atten-
tive qu'au bruit des armes? Hâtons-nous, de
nous former une juste idée des différends des
deux Nations, qui partagent aujourd'hui & l'attention & l'intérêt de l'univers.

Deux objets principaux divisent aujourd'hui
les deux Couronnes de France & d'Angleterre.
1. Les véritables bornes de l'Acadie, que les
Anglois veulent étendre jusques au bord méridional du fleuve Saint-Laurent, & que les François resserrent dans une partie de la peninsule.

L 4

Sur

Sur cet objet toute la difcuffion a pour bafe le traité d'Utrecht. Les Anglois ne peuvent diffimuler qu'avant 1713. la France ne fût en poffeffion de tout le pays depuis la riviere Saint-Laurent jufques aux côtes de l'Acadie. Ils fe plaignent de ce qu'elle a confervé, depuis le traité, tout le pays qui eft au nord de la Baye Françoife, & de ce qu'elle a fortifié l'Isthme.

Second objet. La poffeffion des grands lacs & de tout le pays qui s'étend depuis les monts Apalaches jufques à la riviere de Miffiffipi. Sur ce fecond chef de conteftation l'Angleterre ne produit aucun traité avec la France. Il faut donc en chercher la décifion dans les principes du droit naturel & du droit des gens, & dans les raifonnemens fur lefquels chaque nation fe fonde.

Ce qui regarde les limites de l'Acadie a déja été traité, avec tant de foin & de précifion, dans les mémoires que la France a publiés, que ce que je dirai dans la fuite, ne pourra être qu'un foible extrait de ces excellens ouvrages. Je m'attache donc d'abord à ce qui concerne les droits réclamés par l'une & l'autre nation, fur les pays qui s'étendent depuis les lacs inclufivement jufqu'au fleuve de Miffiffipi. C'eft dans ce pays que les Anglois ont commis les premiéres hoftilités. Ce font les établiffemens des François fur ce terrain, qui forment un des principaux fujets de plainte des Miniftres de la Grande-Bretagne.

De

Deux mémoires ont fait du bruit, l'un du Colonel Shirley, l'autre attribué à Milord Halifax. Milord Halifax se contente d'alleguer des faits & des usurpations. Il faut avouer que ses époques remontent un peu haut : La construction du fort de Frontenac en 1672 ; celle des forts de Michillimakinac & du détroit en 1673 & 1683 ; tous les établissemens formés depuis ce tems-là, soit dans les pays ouverts aux courses des Iroquois, soit dans tout le cours de la riviere de Mississipi : enfin la Nouvelle Orleans bâtie en 1717, sont selon lui autant de griefs contre la France. Jusqu'ici les Ministres Anglois n'en ont rien dit dans aucune négociation : indulgence & foiblesse de leur part ! L'Angleterre se réveille aujourd'hui, après un sommeil de près de quatre-vingt-dix ans ; son canon retentit ; & elle dit à ses voisins, Rendez-moi le bien que vous m'avez pris.

Pour M. Shirley, plus instruit sans doute, que le premier commissaire du Bureau des plantations, il joint au récit des entreprises de la France, l'énumération des titres de propriété de l'Angleterre. Il n'allegue, il est vrai, ni monumens de possession, ni établissemens dans les pays qu'il revendique. Il a été reconnu, dit-il, par le traité d'Utrecht, que les Iroquois étoient nos sujets : donc tous les pays qu'ils habitent nous appartiennent. Or ils étoient dès-lors propriétaires des trois lacs Champlain, Ontario & Erie. Depuis ce tems là ils ont conquis toutes ces vastes contrées qui s'étendent de-

L 5

puis

puis les Apalaches jusques au fleuve de Mississipi : donc nous sommes propriétaires de toute
cette immense étendue de pays. Nous y trouvons aujourd'hui les François établis : donc ils
sont sur nos terres. Voilà l'argument le plus
fort que les auteurs Anglois emploient contre la
France. Je suis étonné que M. Shirley ne parle
point, dans son mémoire, de ce fameux contract par lequel l'Angleterre a, dit-on, acquis
des Iroquois tous les pays dont la France est en
possession. Seroit-ce parceque le gouvernement Anglois n'a point encore jugé à propos de
rendre cet acte public ? Pour moi, qui me fais
un devoir de tout examiner, je ne veux ni dissimuler les inductions que l'on en tire en Angleterre, ni les réponses par lesquelles les François prétendent l'écarter, sans se donner la peine de le lire.

On voit que les argumens du Ministere Anglois nous laissent plusieurs questions à résoudre.

Premiere question ; les Iroquois sont-ils veri-
tablement sujets de l'Angleterre ?

2. Les Iroquois étoient-ils propriétaires des
Lacs de l'Amérique septentrionale ?

3. Ont-ils fait la conquête de tout le pays
situé depuis les Apalaches jusques au Mississipi ?

4. En supposant qu'ils en eussent détruit les
habitans, auroient-ils acquis à l'Angleterre toute cette portion de l'Amérique ?

5. Le contract d'acquisition tant vanté au
peuple de Londres, existe-t-il réellement ?

6. Ce

6 Ce contrat eſt-il un titre de propriété, qui puiſſe être oppoſé à la France?

En attendant que je traite toutes ces queſtions, qu'on me permette une ſimple obſervation.　J'entends perpétuellement les Anglois s'écrier, Les François ont bâti ici, les François ſe ſont établis en telle Contrée.　Ne vaudroit-il pas mieux pour eux, qu'ils puſſent dire : Ici nous avions un comptoir: ſur cette riviere nous avions élevé pluſieurs forts : là Nous avions un Commandant & des troupes.　Car enfin, ſi les François ſe ſont établis ſur un terrain vacant, & dont l'Angleterre n'eût encore aucune eſpéce de poſſeſſion, qu'importe dans quel tems la France ait commencé à poſſeder? Or je ne vois ni dans les Mémoires attribués à Milord Halifax, ni dans ceux de M. Shirley, aucune poſſeſſion alléguée: ce ſont des droits, des titres, un contrat avec les Iroquois, la conquête que ceux-ci ont faite du pays.　Je n'ai encore examiné aucun de ces droits ; mais j'avoue que j'aimerois mieux, pour l'Angleterre, celui du premier occupant.

Cependant tous les Anglois avouent, que ce titre, le plus ancien de tous, n'eſt point aujourd'hui celui qu'ils peuvent oppoſer à la France.　Le ſilence de leurs Auteurs pouvoit à cet égard être regardé comme un aveu ; mais je veux aujourd'hui produire des reconnoiſſances formelles.　Je me tais pour laiſſer parler un Anglois, dont l'ouvrage fera plus de plaiſir que mes raiſonnemens, & dédommagera peut-

peut-être de l'ennui, qu'ont causé mes disserta-
tions. Il annonce par son titre un ami de la
patrie: il est intitulé *The English Patriot.*

Cet ouvrage, écrit avec feu, paroît être celui
d'un Anglois ennemi des détours & de ces misérables déguisements, que la Politique employe
quelquefois, pour couvrir par de mauvaises raisons, des vûes injustes & une conduite perverse.
L'Auteur, qui paroît être un des Membres du
Parlement, peint avec une ironie fine les vrais
motifs, qui ont déterminé les Anglois à souhaiter la guerre. Ce n'est pas qu'elle fût juste, mais
on la croyoit utile à l'Angleterre. Il falloit empêcher le Roi de France de relever sa Marine, &
enlever à ses sujets des établissemens en Amérique, qui pouvoient augmenter leur commerce.
Voilà franchement les vûes du Gouvernement
de la Grande-Bretagne. Aussi ne leur oppose-t-
il point des motifs de justice, mais l'impossibilité du succès. Vous avez manqué votre coup,
leur dit-il; vous avez voulu accabler des rivaux,
& vous n'avez travaillé que pour vos tyrans.
Vous voulez augmenter votre commerce, &
vous énervez vos forces.

Au reste on y trouvera la possession des François avouée & reconnue; les raisonnemens que
j'ai déja faits sur la politique de la Cour de Londres, confirmés par un homme, qui est plus
à portée que moi d'en étudier les détours : &
les véritables intérêts de l'Angleterre mis dans
tout leur jour, par un citoyen qui ne paroît
épouser aucun parti. Voici cet Ecrit, tel
qu'il

qu'il a été imprimé & publié à Londres chez le Libraire P. Straub, au commencement de 1756.

THE
ENGLISH PATRIOT,
OU,

Confiderations impartiales fur les Traités de Subfides, conclus entre les Cours de Londres, de Ruffie & de Heffe-Caffel.

L'ESPRIT DE FACTION s'eft emparé de Weftminfter; la brigue & la Cabale animent une Affemblée qui ne devroit être remuée que par la raifon, & l'intérêt de la Patrie. L'homme qui a les intentions les plus droites, ne trouve perfonne qui lui rende juftice. S'il opine en faveur de la Cour, on le juge vendu aux Miniftres: s'il eft pour l'oppofition, on le croit mécontent & opiniâtre. Quel que foit fon avis, quelques raifons qu'il en donne, il ne peut efpérer aucune reconnoiffance de fes compatriotes, parce que la Nation eft accoutumée à regarder les bruyans débats du Parlement, comme des chicannes concertées d'une garnifon, dont les chefs ont compofé fécretement avec l'ennemi. Elle eft perfuadée que chacun de nous entre en Chambre avec fon opinion déja formée, & elle nous y croit déterminés par tout autre intérêt que le fien. Je me fuis oppofé de toutes mes forces à la garantie que nous avons prife de l'Electorat d'Hannovre, parce que je la crois fuperflue, & gratuitement onéreufe à la Nation. Je
me

me fuis roidi contre les traités de Subfides avec la Ruffie & le Landgrave de Heffe, parce que je les eftime dangereux pour notre Liberté, & capables au moins de nous offrir aux railleries de l'Europe éclairée; j'aurois foutenu mon oppofition au péril de ma vie: quelle a été ma récompenfe? Les plus chauds oppofans m'ont félicité en riant, d'avoir fi fortement rivé les clous au Miniftère; & les partifans de la Cour, dont je voulois rabattre le ton avantageux, en leur faifant obferver le grand nombre des oppofans, m'ont répondu froidement, qu'ils avoient encore payé 48. voix de trop. C'eft ainfi qu'on a traité l'affaire, peut-être la plus importante que la Nation ait eue dans ce fiécle.

Lorfque je me rappelle cette farce Angloife, où un François redouble fes cris de *vive le Roi*, à mefure qu'on augmente *de par le Roi* le fardeau fous lequel enfin il perd haleine; je me dis, *mutato nomine de te fabula narratur*: plus on nous forge d'entraves, plus nous crions *Liberté*; plus nous avons de dettes, plus nous faifons de dépenfes; plus la Cour nous embourbe, plus nous voulons avancer dans le bourbier; plus elle nous demande, plus nous lui donnons.

Nous fommes dans l'incertitude d'une guerre prochaine. Le peuple, que fa vieille haine pour la France féduit, la fouhaite. La Cour femble la vouloir, quoiqu'elle foit bien plus fûre de maîtrifer le Parlement pendant la paix. Les Propriétaires des terres & les Négocians, qui fçavent par expérience que la paix la plus avantageufe geuſe ne leur rendra jamais ce que la guerre leur aura coûté, appréhendent une rupture. Voilà quelle eſt la diſpoſition des eſprits dans les trois ordres de la Nation. Le ſouhait du peuple ne demande pas de grands égards, parce qu'il eſt fait à l'aveugle; celui de la Cour demande d'être éxaminé, parce qu'il eſt fondé ſur un intérêt particulier, tout-à-fait différent de l'intérêt national : mais un Patriote doit faire une très-grande attention aux vœux du Négociant & du Propriétaire des terres, dont l'opulence fait la richeſſe de la Grande-Bretagne. Toute guerre eſt dommageable pour cette claſſe de la Nation Angloiſe : celle qui n'eſt pas abſolument néceſſaire, eſt ruineuſe pour elle.

J'ai crû indiſpenſable la guerre qui fermente à préſent, à moins d'une complaiſance inouïe de la part de la France. Cette néceſſité ſuppoſée, quel Patriote ne devoit pas opiner à nous fixer ſur notre juſte ennemi ; à éviter de compliquer nos intérêts avec des intérêts étrangers ; à nous rendre enfin cette guerre tellement propre, que comptables à nous ſeuls de ſes opérations & de ſes ſuccès, nous n'euſſions point à ſacrifier dans le traité de paix qui la terminera, le fruit de notre ſang & de nos tréſors, à la réintégration de quelque allié malheureux. Si nous avions tenu dans ſon particulier avec l'Eſpagne, notre guerre de 1739, nous ne nous ſerions pas trouvés heureux, à Aix-la-Chapelle, d'être remis avec cette Couronne aux mêmes termes

mes

mes qu'en 1736. Nos démêlés présens sont avec la France. Quels sont nos griefs? Nous ne trouvons point à en fonder dans ce Continent, à moins que nous n'en faſſions un au Roi de France du deſſein où il paroît être de rétablir ſa Marine ; c'eſt ce qui demanderoit une diſcuſſion à part. Peut-être prouveroit-on, que dans le haut point de puiſſance où eſt cette Monarchie, il eſt eſſentiel pour l'équilibre de l'Europe, que Louis XV. ne ſoit pas maître chez lui. Quoi qu'il en ſoit, les vieilles notions du droit de la guerre & des gens, nous montrent ce Prince fidéle en Europe au dernier traité.

MEMOIRES
POUR SERVIR 'A
L'HISTOIRE
DE NOTRE TEMS,
PAR-RAPPORT A LA GUERRE
ANGLO - GALLICANE.

(12.)

SUITE DE L'ECRIT ANGLOIS INTITU-
LE' : THE ENGLISH PATRIOT.

Ous nous plaignons que Louis XV. veuille faciliter la correspondance de ses sujets d'Europe, avec ceux du Canada, & abréger la route de leurs vaisseaux, en faisant un Port dans l'Ocean, à l'embouchure de la riviere de *saint Jean*. Cette riviere est entre l'Acadie & la nouvelle Angleterre. Nous n'avons point d'établissemens sur ses bords, qui sont habités par des Indiens ; mais nous prétendons qu'elle nous a été cédée implicitement avec l'Acadie, dans le traité d'Utrecht : les François nous opposent, qu'ils nous céderent l'Acadie, telle qu'ils la possédoient, & qu'ils n'avoient point d'établissemens sur la riviere de St. Jean. Mais quel cas devons nous faire de leurs objections, dès qu'il nous est de la derniere conséquence de les empêcher d'al-

M

ler

ler au Canada par le plus court chemin ? Il
nous faut obliger les François de nous céder
leur Fort, & de renoncer à la riviere de St. Jean;
si nous ne pouvons pas les y amener par la Négociation, nous devons le tenter par la voie des
armes.   Tel fut mon avis il y a 6. mois.

Voici encore un grief de grande importance.
Nous possedons à toutes sortes de titres, dans le
Continent de l'Amérique septentrionale,   une
étenduë d'environ 500. lieues de côtes, sur une
largeur de 80. à 150. lieues.   Outre cela nous
prétendons être maîtres d'environ autant de pays
sur nos derri..res: moitié parce que ce sont des
terres habitées par des Indiens,   qu'il nous convient d'avoir pour sujets: moitié parceque nous
l'avons acheté des Iroquois.   Il est vrai que,
quand les François formerent leur établissement
du *Mississipi* ,   nous les laissames bâtir tranquile-
ment leur *nouvelle Orléans* ,   leurs forts *Condé* ,
& de *Toulouse* ,   sur les terres de ces Indiens,
nos prétendus sujets.   Il est vrai encore que,
contents d'avoir dans nos archives le contract
avec les Iroquois,   nous avons négligé de prendre possession de ces pays achetés,   en y en-
voyant des Colonies,   en y batissant des forts,
en y établissant des Comptoirs.   Nous avons
seulement avancé une factorie sur *l'Ohio* ,   à dix
lieues de nos véritables frontiéres,   & un mé-
chant fort à 40. Par le même principe,   nous
avons laissé subsister,   après notre Contract avec
les Iroquois, le Fort François de *Frontenac* ,   au
nord de la nouvelle Yorck,   quoiqu'il fût in-
con-

contestablement sur le terrain que les Iroquois
nous avoient vendu. Cette tolérance, que je
ne prétends pas mettre à couvert de blâme, tint
les François dans l'ignorance de notre acquisition; ils regarderent les pays Indiens entre la
Louisiane & le *Canada*, comme ouverts à leurs
découvertes. Plus alertes que nous, ils par-
coururent ces contrées immenses que nous avions
achetées sans les connoître. Ils parvinrent aux
grands Lacs, où les grandes rivieres de l'Amérique septentrionale prennent leur source. Ils
y bâtirent sans opposition, une multitude de
de forts. Pied à pied ils ont avancé vers le Sud;
ils ont découvert l'Ohio, ils ont suivi son cours:
ils ont connu que cette riviere alloit se perdre
dans le Mississipi, & qu'elle leur donnoit une
communication facile entre la Louisiane & le
Canada; ils ont construit des forts de distance
en distance, pour en assurer la navigation: enfin nous les y avons trouvés établis, lorsque
nous avons soupçonné qu'ils pensoient à y faire
des établissemens. Nous avons cité alors le
contract d'achât des païs, dans l'étendue desquels les grands Lacs sont, & l'Ohio coule;
nous leur avons intimé de s'éloigner de l'Ohio,
& de nous remettre les forts qu'ils ont autour
des Lacs. Ils nous ont écoutés avec surprise;
ils nous ont répondu, que les Iroquois n'avoient
pas plus de droits à ces pays qu'ils ont vendus,
que les autres Indiens; ils nous ont dit, que les
prétentions sur ces Sauvages, étant les mêmes
pour tous les peuples de l'Europe, leurs pays

M 2   font

font au premier occupant, à moins qu'entre les deux nations Européennes, également voisines de ces barbares, il n'en soit convenu autrement. Ils ont prétendu, que notre achât en 1701. & son renouvellement en 1726. & 1744. ne s'étant fait qu'avec les Iroquois, ils étoient nuls pour les François. Mais est-il quelque bon Anglois qui se croye obligé de rendre compte à des François ? Nous avons été négligens, nous avons dormi, tandis que nos voisins veilloient : nous l'avons voulu ainsi. Présentement nous nous reveillons ; & comme un Seigneur, sur les terres duquel, pendant qu'il dort, un manant a découvert un tréfor, nous reclamons tout ce qui est sur notre fond. En un mot, nous ne pouvons laisser aux François la communication de la Louisiane & du Canada, par nos derriéres, sans risquer de leur voir passer tout le commerce des pelleteries avec les Sauvages. C'en est assez, pour la leur interdire. Il nous convient que ces pays soient déserts, plutôt qu'habités par des François. La guerre est donc nécessaire, & il la faut déclarer. Tel fut mon avis, il y a six mois. Il n'y a point à douter, que si cet avis avoit eu la supériorité dans le Conseil, la querelle ne fût maintenant vuidée à notre avantage. La renaissante Marine de France, ou bloquée dans ses ports, ou coulée à fonds par nos escadres, seroit rentrée dans son néant. Nos Vaisseaux, qui auroient porté des soldats, des

armes,

armes, & des munitions dans nos Colonies, auroient en même-tems coupé, ou intercepté les tranſports François. Nos armateurs ſe ſeroient enrichis des priſes. Pour ſauver ſon commerce de l'Aſie, du Levant & de l'Europe, la France auroit été obligée de regler les choſes en Amérique comme nous l'aurions voulu. On nous a fait temporiſer ; pourquoi ? pour nous aſſurer les ſecours du Czar, du Landgrave de Heſſe, de l'Evêque de Würtzbourg, du Margrave d'Anſpach, & autres Princes d'Allemagne qui dévaſtent leur pays pour remplir leurs coffres, & qui auroient vendu leurs troupes à notre ennemi, s'il avoit voulu leur en donner un ſchelin plus que nous. Qu'ont de commun avec l'Amérique ſéptentrionale le Czar de Ruſſie, & les princes d'Allemagne ? Oh ! nous dit-on, ces ſecours ſont pour l'Europe. Eh ! pourquoi préparons - nous la guerre dans le Continent de l'Europe ? Si notre Marine étoit plus foible que celle de France ; ſi nous avions déſeſperé de nous faire nous-mêmes raiſon ſur nos prétentions, à la bonne heure que nous lui euſſions ménagé une diverſion : mais nous n'avons que des forces de mer, la France n'a guéres que des forces de terre. Nous pouvons à notre gré infeſter ſes côtes : elle ne peut rien tenter avec ſuccès ſur les nôtres. Pouvions-nous rien faire qui lui fût plus avantageux, que de lui fournir le prétexte & l'occaſion de frapper ſur nous, par contre-coup,

M 3

avec

avec ſes forces de terre ? C'eſt ce que nous avons fait par notre garantie de Hannovre, & par nos traités abſurdes de ſubſides.

Dès le commencement de la guerre Pragmatique, on a eſſayé de brouiller nos idées ſur le Roi de la G. B. & l'Electeur de Hannovre: peut-être qu'un jour on nous aura aſſez bridés pour que nous ne mettions pas plus de différence entre Hannovre & la G. B. qu'autrefois entre l'Angleterre & la Normandie. Nous fumes alors aſſez ſages pour garder la diſtinction. Nous nous déclarâmes en notre nom pour la Reine Archiducheſſe, & le Roi de la G. B. figura ſéparément de l'Electeur de Hannovre : maintenant on reprend ces briſées. On nous a perſuadé que l'Electeur de Hannovre étoit reſponſable des réſolutions que prend S. M. Britannique : on nous a dit que le Roi de France feroit dans l'Electorat l'invaſion, qu'il n'oſera tenter dans le Royaume : qu'il ſe reſſentiroit ſur les Hannoveriens du mal que lui feront les Anglois. Si nous avions eu notre bon ſens de 1742, ce beau diſcours nous auroit confirmés dans la réſolution, de faire de nos démêlés préſens, une querelle excluſive de l'Angleterre avec la France. On nous diſoit, que nous n'avions rien à appréhender de cette Couronne pour notre Isle : que pour ſe vanger de notre Roi, il lui faudroit riſquer de s'attirer tout l'Empire ſur les bras ; & nous avons pris l'allarme. Ne devions-nous pas répondre aux exemples qu'on nous citoit, que le Roi de la G. B. électeur de Hannovre, n'eſt pas (ainſi

qu'un

qu'un Roi de Pruſſe, électeur de Brandenbourg,
deſpote dans ſon Royaume comme dans ſon
Electorat) roi & électeur aux mêmes titres, &
comptable également à l'Europe de chacune de
ſes démarches, ſous l'une & l'autre de ſes quali-
tés? Qui d'entre nous ignore, que Charles XII.
ne pourſuivit pas en Saxe le Roi de Pologne,
mais Auguſte, ſon ennemi perſonnel? Qu'en
1742. le Roi de France ne s'en prit qu'à l'Electeur de Hannovre, fauteur déclaré de la Pragmatique; & que ce fut du membre de l'Empire qu'il voulut s'aſſurer dans un différend où
le Corps Germanique étoit le principal intéreſſé?
Qu'en 1745. le Roi de Pruſſe ne rendit point le
Roi de Pologne comptable de l'alliance de l'E-
lecteur de Saxe avec la Reine Impératrice?
Nous ſçavons tout cela; mais la plûpart d'entre
nous furent muets, & les autres furent ſourds.
On craignit pour Hannovre. On arrêta, que S.
M. B. feroit cauſe commune avec l'Electeur;
que la nation protegeroit, défendroit l'Electorat, comme une de ſes Provinces. Il n'y auroit plus qu'à paſſer un Bill de naturaliſation
pour tous les Hannovériens.

Si une Armée Françoiſe, auſſi-tôt après cet
arrêté du Parlement, étoit entrée dans l'Electorat de Hannovre, qu'avions-nous à objecter au
Roi de France? Hannovre, aſſocié à une Puiſſance Etrangere pour une querelle tout-à-fait
étrangère à l'Empire, n'eſt plus alors ſous la protection des Loix de l'Empire; l'Electeur eſt ennemi du Roi de France aux mêmes termes que

le

le Roi de la Grande-Bretagne ; &, au cas d'une Guerre déclarée entre nous & les François, les principes du droit qui autorisent ces derniers à une descente dans notre Isle, les justifient de l'invasion de l'Electorat : notre honneur est engagé à défendre cette Province Allemande ; l'attaquer, c'est s'en prendre à nous.   Quand le Roi de Prusse entra en Saxe avec son Armée en 1745, l'Electeur n'avoit pas avec la Reine d'Hongrie des liaisons d'une autre espéce, que celles de l'Electeur de Hannovre avec nous. Nous voilà donc nécessités à une guerre de ter-re, qu'il nous étoit également facile & avanta-geux d'éviter.

Mais j'entends nos courtisans, qui me disent que le Roi & l'Electeur ont des Ministres trop éclairés pour avoir pris ce parti, s'il n'avoit que des désavantages.   Belle consolation pour des aveugles, de croire que leurs conducteurs ont meilleure vûe qu'eux! oui, sans doute, le Roi Electeur a d'habiles Ministres, trop habiles mê-me pour nous..... Mais le Roi aime la Na-tion.... Eh! oui, le Roi nous aime, je le crois pieusement ; quoique ceux qui le voient à Londres, après l'avoir vû à Hannovre, ayent peine à le reconnoître.   Mais il aime aussi son ancien Patrimoine ; & je sçais des courtisans, qu'un projet pour son arrondissement a mis dans le Ministère.   Serions-nous assez bonnes gens, pour croire que c'est pournotre bien qu'on nous a engagés à protéger si hautement l'Electorat ? Notre complaisance pour S. Majesté à part, que

nous

nous importe qu'il exiſte un Electorat d'Hannovre? Nous ne viſons point à conquérir : nous ne penſons point à dominer en Europe. Protecteurs de la liberté générale, nous ſerons toujours reclamés aſſez à tems par ceux qui craindront l'oppreſſion. L'Electorat de Hannovre ne touche que le Roi Electeur & les Miniſtres qui veulent lui plaire. Depuis 15. ans, on cherche l'occaſion d'aggrandir cette Principauté. On n'y peut parvenir qu'à la ſuite d'une grande guerre dans l'Empire ; & on tâche d'y en allumer une générale. Voilà le ſecret du Miniſtére. L'Ooſt-Friſe, Oſnabruk, certains morceaux dans la Weſtphalie & la Thuringe, ſont à la bienſéance de l'Electeur : un Allié de la France fait obſtacle à leur acquiſition, & tôt ou tard on lui donnera des embarras, dont il ne pourra ſortir, que par des ceſſions & de la complaiſance. Ce ſont ces vûes ſecrettes qui ont prolongé en 1743. & 1744, les infortunes du malheureux Chrales VII. Ce furent ces eſpérances qui firent refuſer alors la reddition qu'il offroit à diſcrétion. Mr. R. Mr. H. & leurs amis, me diront que je me trompe. Ils prétendront, que le Traité avec la Ruſſie couvre l'Electorat, & que la France ſe gardera bien de s'attirer ſur les bras 70. mille Ruſſes. Ces Mrs. s'imaginent apparemment qu'on ne voit pas plus loin, qu'on ne raiſonne pas mieux à Verſailles qu'à Weſtminſter. Examinons un peu ces Traités de Subſides, dont ils font les garants de la paix dans le Continent de l'Europe. 70. Mille

 Ruſ-

Russes & 12. mille Hessois, sont à nos ordres pour défendre un pais qui ne les pourroit pas nourrir 15. jours: ces Russes sont ceux qui ont mis trois ans à se rendre sur le Rhin. Ces Hessois sont ceux, qui, ayant servi depuis 1741. jusqu'en 1745. la Maison de Bavière & la France, passerent au Service d'Angleterre cette même année, & combattirent l'année suivante leurs anciens Alliés. Mais passons : *ab assuetis non fit passio.* Les Troupes Hessoises, que le Landgrave promet de porter jusqu'à 12. mille hommes, s'il en est requis, seront payées, *dit le Traité,* sur le pied des Troupes Allemandes, si elles servent en Allemagne ; sur le pied des Troupes Hollandoises, si elles servent dans les Pays-Bas ; & sur le pied des Troupes Angloises, si elles servent en Angleterre ou en Irlande. A quoi bon toutes ces stipulations, si on croit prévenir la guerre par ces Traités de Subsides ?.... L'Impératrice des Russies, s'engage de tenir à nos ordres dans la Livonie & pays voisins 70. mille Moscovites & 50. vaisseaux. Tant que ces vaisseaux & ces soldats ne seront point employés, nous les payerons 100. mille livres sterlings par an ; & aussi-tôt que les uns ou les autres perdront la Livonie de vûe, nous payerons à l'Impératrice 500. mille livres sterlings par année. Voilà, nous dit-on, de quoi contenir la France. Et moi je dis, voilà 400. mille livres sterlings jettés dans l'eau, si nous avons du bonheur ; J'explique ma pensée.

Que

Que prétend-on faire de ces 70. mille Ruf-
fes ? Si on les deftine à venir en Allemagne par
la Hongrie, on devoit certainement faire le
traité pour plus de quatre ans ; nous avons vû
que cé tems leur fuffit à peine pour le voyage.
Suppofons cependant, que nos guinées leur faifant doubler la ration d'eau de vie, ils faffent
de plus grandes journées que par le paffé ; quel
eft l'Anglois affez peu inftruit de l'état de l'Allemagne, & de la politique des Princes de l'Empire, pour s'imaginer que le Corps Germanique, qui fut fur le point d'être affujetti par 30.
mille Suédois, il y a 100. ans, laiffera venir
tranquillement au fein de fon pays 70. mille
Mofcovites, les plus barbares de tous les barbares du Nord ? Quel eft encore l'Anglois affez
peu inftruit de l'état de la Ruffie, pour fe figu-
rer qu'elle puiffe envoyer au loin une Armée de
70. mille hommes, & l'y entretenir avec 500.
mille livres fterlings ? Oh ! nous dit-on, 70.
mille hommes fe font paffage ? Fort bien ; qua-
tre-vingt mille François l'ont eu de bonne grace, & font péris de mifére en 1742. Les Mofcovites le prendront-ils de force? Alors, ils
ont à le difputer, à le conferver ; il faut qu'ils
fe comportent en ennemis : or que font 70.
mille ennemis au fein de l'Allemagne conjurée?
Mais quel eft le but de nos Miniftres ? Eft-ce
de faire la guerre à l'Empire avec les Armées Mofcovites ? Eh ! ils nous difent que ce puiffant
fecours affuré, maintiendra la paix. Je veux
bien leur accorder, que les Princes d'Allemagne

ne

ne prendront aucune défiance des Russes; que cette Armée de 70. mille hommes passera comme une procession , & viendra tranquillement sur le Weser.   Il faudra les payer, les recruter , les habiller , remonter la Cavalerie, renouveller les équipages.   Qui fournira à ces dépenses ? Graces à l'éloignement de l'Empire des Russes , on a , au midi de l'Europe, une grande opinion de ses forces : *Major à longinquo reverentia.*   On fait grand bruit de 300. mille hommes de troupes reglées, qu'on veut bien croire par *courtoisie* qu'il entretient sur pied.   Mais que font ces 300. mille esclaves armés , éparpillés dans un Etat , dont les frontieres sont distantes de deux mille à quinze cent lieues l'une de l'autre ? dont chaque voisin est un puissant ennemi , contre lequel il a peine à soutenir la lutte avec toutes ses forces ? Quelles troupes d'ailleurs que ces Russes ? chaque soldat peut être excellent portefaix , mais je le crois un mauvais soldat.   Il est sans émulation , comme l'Officier sans expérience.   Dans la guerre contre le Turc en 1738, ils n'ont vaincu que dans les gazettes : Malgré la diversion de Hongrie, l'infidele les réduisit à une paix désavantageuse. Dans la guerre avec la Suède en 1742 ; ils étoient trois contre un , & les Suedois ont crû devoir faire payer de leur tête à leurs Généraux leur défaite. La France , qui a le même nombre de bien meilleurs soldats , dans un Empire de bien moindre étendue,

auroit

auroit été embarassée par le moins puissant de ses voisins , qui l'eût attaquée , lorsqu'elle avoit envoyé en 1742 quatre - vingt mille hommes en Allemagne ; & on voudroit que la Russie fût en pouvoir & en volonté d'en envoyer 70. mille à 300. lieues de sa frontiere ? Non , cette Armée Subsidiaire ne viendra point en Allemagne , s'il faut qu'elle y vienne par la Hongrie. On voit cela à Versailles : si on y souhaite la Paix , on tient nos 400. mille livres perdues , & on s'y mocque de nous.

Mais si le Roi de France est déterminé à la guerre , notre Traité nous rend bien autrement ridicules aux yeux de ses Ministres. Ces Messieurs estiment sans doute assez les Ministres de Sa Majesté Britannique pour ne leur attribuer aucun projet absurde. Ils voyent dans notre Traité 50. vaisseaux Russes , qui supposent un transport ; & le cantonnement des Moscovites en Livonie, leur fait soupçonner le dessein d'une irruption en Prusse, ou d'un passage par la Pologne à travers la Silesie. Nous payons 70. mille auxiliaires, & nous assurons par-là à la France 150. mille alliés : il y a certes à rire à nos dépens! Mais que veulent dire ces 50. vaisseaux longs, *Galleys*, que la Russie doit tenir à nos ordres? La Czarine sera certainement maîtresse de l'embarquement de ses troupes sur ces vaisseaux ; mais où se fera le débarquement? Il n'y a pas d'apparence que la Suede prête son port de *Wismar*. Le Roi de Prusse ne composera pas

non

non plus pour ſes ports de Pruſſe, ou de Pomera-
nie.   Je ne penſe pas que le Roi de Dannemark veuille ouvrir le *Sunde* à des troupes Ruſ-
ſiennes, pour qu'elles viennent par *l'Elbe* ſur ſes
derrieres, défendre l'Electorat de Hannovre, &
hiverner dans le Holſtein.   Les Hollandois, déterminés à une éxacte neutralité, n'auront aſſu-
rément point de ports pour nos Auxiliaires. Quelle ſera donc la deſtination du tranſport Moſcovi-
te? ſouvenons-nous, que dans le traité avec le
Landgrave de Heſſe, il eſt dit que les douze
mille hommes iront en Angleterre ou en Irlande.   Les Moſcovites viendront joindre les Heſ-
ſois.   La Cour nous fera un nouvel épouvantail
du Prétendant, ou d'une deſcente de François
dans l'Isle: elle aura ſoin qu'il n'y ait aucun op-
poſant parmi les Officiers de l'Armée Nationale.
Elle nous fera arrêter de nouvelles levées, à la
tête deſquelles elle mettra ſes Ecoſſois affidés...
Ce n'eſt point là une chimére.   Notre Traité
avec le Landgrave de Heſſe ouvre l'Isle aux
troupes étrangéres.   O mes chers compatriotes!
notre Nation ſi jalouſe de ſa liberté, notre Nation qui juſqu'ici a paru ſi bien ſçavoir, qu'une
Armée eſt pour nos Rois un inſtrument de deſ-
potiſme & de tirannie, notre Nation qui borne
à 25. mille hommes l'Armée Nationale, dont
elle craint encore que la Cour n'abuſe un jour;
notre Nation conſent de recevoir au ſein de la
Grande - Bretagne douze mille étrangers aux ordres de la Cour? eh! quels étrangers encore!
des Allemands, c'eſt-à-dire des ſoldats accou-
tu-

tumés à une obéiſſance aveugle au commandement de leurs Officiers, autoriſés à vivre en
pays ami, comme en pays ennemi, partout à
diſcrétion. Ils feront joints par les Moſcovites !
On mettra les uns & les autres dans les villes
pour les occuper; on fortifiera.... C'eſt ainſi
que les peuples les plus libres ont été mis ſous
le joug.

Après d'auſſi fauſſes meſures priſes par le Miniſtere, j'opine auſſi fortement pour la paix,
que je faiſois il y a ſix mois pour la guerre. Le
Roi de France a une carriere ouverte pour ſes
nombreuſes Armées; & c'eſt une carriere où il
ne nous convient point d'entrer. Si les Ruſſes
ſont deſtinés contre le Roi de Pruſſe, nous nous
ſommes donnés un ennemi contre lequel nous
ne pouvons que perdre. Si la Cour a voulu
nous procurer en eux des défenſeurs pour notre
Isle, ce ſont des hôtes que nous devons refuſer, parce qu'ils nous donneroient des maîtres.
Si nous ne prodiguons notre argent aux Ruſſes
& aux Allemands, que pour jetter de la poudre
aux yeux des François, & les épouvanter de nos
richeſſes, c'eſt une charlatannerie qui nous ruinera, parce qu'elle eſt déja découverte. La
France ſçait que nous avons 80. mille liv. ſterlings
de dettes, & que nous augmentons, au lieu
d'amortir cet immenſe capital. Tandis que
nous n'en ſommes pas encore réduits au Conſeil Evangélique, & que nous pouvons traiter pour le manteau, ne riſquons pas de perdre avec lui la tunique. Nous avons deux
griefs

griefs contre la France.   Compofons avec elle fur le plus confidérable : cherchons quelque tempéramment fur l'autre : rentrons dans l'indépendance où nous étions de l'étranger, avant notre garantie & nos traités ; & alors remettant le procès fur le tapis, nous pourrons, fans danger pour notre liberté, en pourfuivre la décifion à toute outrance.   Un *Vernon*, un *Boscawen*, font de meilleurs Avocats pour nous, que tous les Généraux d'Allemagne & de Ruffie.

MEMOIRES
POUR SERVIR 'A
L'HISTOIRE
DE NOTRE TEMS,
PAR-RAPPORT A LA GUERRE
ANGLO-GALLICANE.

(13.)

LA CONDUITE DE LA FRANCE COM-PARE'E A CELLE DE L'ANGLETERRE.

ON a vû le mémoire du **21.** Décembre 1756. par lequel S. M. T. C. donne à la Cour de Londres & à toutes les Puiſſances de l'Europe un dernier exemple de modération. Il n'en eſt aucune, qui, dans les circonſtances où ſe trouve aujourd'hui la France, ne ſe fût crû diſpenſée de ce ménagement pour une Nation, qui depuis long-tems s'écarte des bienſéances les plus communes. Le pavillon François inſulté dans toutes les mers ; le commerce qu'il protége intercepté ; les vaiſſeaux du Roi de France attaqués, pris, emmenés dans les ports de l'Angleterre ; ſes officiers, ſes matelots captifs ; le droit des gens violé ; les traités mépriſés ; les négotiations même devenues le voile d'un plan deſtructeur ; que de motifs pouvoient engager la France à déclarer ſur le

N

champ

champ la guerre ? Mais ce n'eſt pas aſſez aux Princes, d'être juſtes à leurs propres yeux, & devant le tribunal de cette conſcience ſévére, leur premier & ſouvent leur plus équitable juge: ils doivent compte de leurs réſolutions & de leur conduite à l'univers attentif, & au genre humain, dont ils entraînent la deſtinée. Heureux le Souverain, qui ne peut imputer qu'à ſes ennemis la perte du ſang, que ſes armes ſont forcées de verſer !

C'eſt ce motif, qui a dicté la réquiſition que le Roi de France a fait remettre à la Cour d'Angleterre, & dont il a fait envoyer des copies à toutes les autres Cours de l'Europe. J'aime à voir ce gage de ſon amour pour la paix, paſſer par la Hollande pour parvenir à Londres. En vérité, il ſembloit dire aux hollandois en paſſant: ,, Voici le moment de faire ſur vos ,, véritables intérêts les refléxions les plus pro- ,, fondes. Un ennemi ſuperbe force la France ,, à s'armer pour ſe défendre. Cette modéra- ,, tion qui cherche encore à conjurer l'orage ,, prêt à fondre ſur l'Europe, c'eſt ſans doute ,, pour vous mêmes qu'elle travaille. Si la ,, guerre eſt avantageuſe à votre commerce, ſi ,, votre liberté doit renaître au milieu de tous ,, ces troubles ; paſſez les mers, allez vendre ,, vos ſecours à des voiſins qui les dédaignent, ,, ou plûtôt allez acheter leur protection, dont ,, ils ſemblent aujourd'hui faire dépendre votre ,, exiſtence.. Mais ſi vos marchands vous di- ,, ſent tous les jours, que la guerre eſt le fleau

,, de

„ de votre opinion ; si vos citoyens les plus
„ sages vous rappellent sans cesse, que de tous
„ les combats que vous avez livrés, ceux qui
„ ont été donnés pour votre indépendance sont
„ les seuls qui aient illustré votre pouvoir ;
„ pourquoi ne vous seroit-il pas permis, avant
„ de prendre les armes, d'examiner de quel
„ côté est la justice, ou même si vous voulez, la-
„ quelle des deux Puissances qui vous environ-
„ nent, travaille depuis long tems à vous as-
„ servir ?

Quittons le stile métaphorique, & mettons,
de bonne foi, dans la balance, & la réquisition
de S. M. T. C. & la réponse qui lui a été faite le
13. Janvier dernier. Je vois dans l'un & l'autre
le beau nom de *Paix*, toujours cher aux Nations, & qu'on ne manque jamais de leur prononcer, lors même qu'on leur met les armes à
la main. Si l'on en croit également les deux
Souverains, l'un & l'autre désire la paix. Le
Monarque François en demande le rétablissement, le Roi d'Angleterre en *souhaite la conservation*. Que dis-je, il souhaite la paix ?
elle a toujours habité dans son cœur, ce n'est
point un vœu d'aujourd'hui : *S. M.* dit la lettre de M. Fox, CONTINUE *de souhaiter la conservation de la tranquilité publique.*

Oui, l'invasion générale du Canada projettée,
résolue, ordonnée, dans un tems où le Ministère de Londres paroissoit chercher avec celui
de France des voies de conciliation, la mer en
proie aux brigandages, & les François obligés

N 2

de

de se défendre en Amérique contre quatre Armées à la fois, tout cela n'étoit & n'est encore qu'un moyen de *conserver la tranquilité publique* ! Il faut avouer, que les Anglois enchérissent beaucoup sur la Pratique de cette maxime si connue : *si vis pacem para bellum* (*a*). Pour conserver la paix, ils font la guerre à toute outrance.

Les discours des Rois sont comme ceux des autres hommes, l'image de leurs devoirs, plutôt que le tableau de leur conduite : jugeons de celle-ci par les faits. Ils doivent seuls décider, qui des deux Souverains a souhaité le plus sincérement le maintien de la *tranquilité publique*. Je ne crois pas que S. M. T. C. soit embarrassée de prouver qu'on lui fait la guerre, & qu'on la lui fait sans l'avoir déclarée, sans en avoir même expliqué ni les motifs ni le prétexte. Il est donc en droit de se défendre, & même d'attaquer. C'est une regle certaine parmi les Nations, que, dans ce cas-là, l'attaque même entre dans le plan d'une légitime défense. Cependant jusqu'à la réponse du Roi d'Angleterre, la marine Françoise a-t-elle formé la moindre entreprise contre les vaisseaux de S. M. Britannique ? Chose inconcevable ! ces mêmes Anglois qui infestoient les mers, & qui avoient fait tant de prises sur la France, conduisoient tranquillement leurs vaisseaux Marchands dans les ports de ce Royaume. Etoient-ils sur ses cô-

____

(*a*) Si vous voulez conserver la paix, préparez-vous à la guerre.

côtes ? ils comptoient fur la foi des Traités : à quatre lieues de-là, ils les violoient fans crainte & fans honte ; comme fi l'équité & la bonne foi, chaffées par ce peuple altier, fe fuffent refugiées dans les ports de France, & euffent dû y protéger même les infracteurs du droit des gens.

Enfin, le Roi de France doit à fes peuples fa protection contre tant de brigandages.   Après avoir prouvé à l'Europe, qu'il ne veut point la guerre, il fent qu'il doit s'y préparer.   La déclarera-t-il ?   L'Angleterre le fouhaitoit fans doute ; & il le pouvoit fans que l'on fût en droit de lui reprocher qu'il eft l'aggreffeur.   Cependant il fait une derniere tentative en faveur de la paix.   Sa demande n'eft point un tiffu de phrafes & de lieux communs.   Il cite des faits dont aucun n'eft nié.   Il demande au Roi d'Angleterre, Quoi ? le fimple défaveu de tant de procédés dont l'Europe eft indignée, & la reftitution de tant de prifes faites en tems de paix. Sa Majefté Britannique fe plaignoit à fon Parlement le 13. Novembre 1755. de ce que la France n'avoit fait jufqu'ici aucunes propofitions raifonnables.   En voici une dont l'univers eft témoin.   La France & l'Angleterre ont un procès & des fujets de conteftation.   Les Miniftres de l'une & de l'autre nation travailloient à regler leurs droits refpectifs :   l'une des deux Couronnes interrompt les négociations par des voies de fait : les rapines & la violence fuccédent aux projets d'accommodement.   La Nation lezée & outragée dit à l'autre, Commencez par mé

ren-

rendre mon bien : rentrons dans les termes dont vous êtes partis : &, les outrages reparés, reprenons la négociation. Sur un Préliminaire aussi juste qu'il est naturel, que l'Europe juge aujourd'hui ; que les vieux préjugés se taisent, & que l'équité prononce.

Il me semble que cette proposition ouvroit aux Ministres de la Grande-Bretagne une voie assez simple, pour se tirer d'une situation déja trop embarrassante ; & qui par la suite pouvoit devenir un défilé, dont peut-être Sa Majesté Britannique ne sortira, qu'en les sacrifiant eux-mêmes.

En effet, il ne faut pas s'imaginer que cette fougue du peuple de Londres fût alors aussi vive, qu'elle l'étoit six mois auparavant. Les Négocians & les Propriétaires des terres ne laissent pas de faire une portion de ce peuple. D'ailleurs les députés qui sont allés au Parlement, après avoir reçu, par provision, le salaire de leurs suffrages, s'étoient instruits du véritable intérêt de la Nation, qu'ils représentent. La guerre a été résolue avant que le Parlement s'assemblât ; elle a été faite sans le consulter : il étoit donc essentiel pour le parti de la Cour, que le peuple fût échauffé, & que les députés criassent *aux armes*, avant de savoir au juste de quoi il s'agissoit. Il y avoit déja long-tems, que l'on prenoit les vaisseaux François, & que l'on faisoit la guerre en corsaires, lorsque le Parlement a dit : Voyons pourtant si cette guerre est juste ; lisons les Mémoires des Commissaires des deux Nations. D'autres ont répondu, belle idée ! il

s'a—

s'agit bien de cela ! Voyons si elle est avantageuse au commerce ou à la puissance de l'Angleterre.   On a alors mis un peu à l'écart les
intrigues de la Cour, les vûes du Ministere, &
les manœuvres de la faction Hanovrienne: on a
laissé là l'Electeur, & on a envisagé le véritable
intérêt du Roi de la Grande-Bretagne.   Il a
paru quelques écrits licentieux en faveur de la
justice & de la patrie : les uns ont dit, La
guerre est injuste, & nos prétentions sont chimériques.   Pitoyables moralistes ! mais qui
quelquefois ne laissent pas de faire impression
sur les esprits.   Les autres ont dit, Notre plan
est insensé ;   nous voulons ruiner la France, &
nous allons la forcer à rétablir sa Marine.   Ces
discours ont percé, l'ardeur s'est ralentie : le
brigandage a continué, parce qu'il ne faut pour
cela que les ordres de celui qui commande aux
troupes ; mais les esprits se sont un peu refroi-
dis, les défiances sont venues en suite.   Nous en
avons vû au commencement de 1756. une preuve, dans cette délibération, qui, sur le choix des
troupes étrangeres destinées à servir en Angleterre, a refusé la préférence aux Hanovriens.   Enfin, bien des gens demandoient la paix, avec
autant d'ardeur qu'ils sollicitoient pour la guerre.

Dans cette position, auroit-on pû reprocher
au Ministere Anglois, ou de la maladresse ou
de la folie, s'il eût consenti de renouer les négociations commencées, sauf à trouver un nouveau prétexte pour rompre dans un tems où la
partie auroit été mieux liée ? Ne pouvoit-on

                      pas

pas faisir l'occasion, & dire aux François: Nous ne vous avons fait la guerre, que parce que nous vous prétions des projets, & des vûes d'une ambition dangereufe pour notre commerce. Votre conduite nous a détrompés. Rentrons dans les voies d'accommodement, dont on a eu le malheur de s'écarter. On va vous rendre vos vaiffeaux.

Qu'importe après tout, un raifonnement abfurde, lorfqu'il s'agit de mettre fin, avec quelque décence, à une conduite révoltante & infoutenable ? Voilà quelles avoient été mes conjectures ; & j'avoue, que lorfque je lûs pour la premiere fois le Mémoire que Sa Majefté Très - Chrétienne a fait paffer à Londres, je ne défefpérois pas de la paix.

La Lettre de M. Fox, & la Réponfe du Roi d'Angleterre ont détruit mes efpérances ; mais n'ont rien diminué de la conviction où je fuis, que la Nation Angloife, qui couroit, vers le milieu de 1755. les yeux fermés, à fa perte, ne s'y laiffe aujourd'hui entraîner, que faute d'avoir affez de courage pour revenir fur fes pas. En attendant que de nouveaux dangers lui rendent cette vigueur, continuons d'examiner la Réponfe, par laquelle on fembloit vouloir la lier. Cette Réponfe, dans l'état où fe trouve actuellement l'Europe, doit fixer l'attention des Puiffances, par les effets dont elle peut être fuivie.

Le Roi d'Angleterre aime donc bien véritablement la paix ? & *la confervation* de ce précieux avantage eft le but où tendent très fincerement

fes

ſes projets? Pour y parvenir, que propoſe-t-il à la France? Voici à peu-près le langage tacite qu'il lui tient : „ J'ai dans mes ports plus de
„ 150. vaiſſeaux qui vous appartiennent. Vos
„ officiers de Marine ſont captifs dans mon Roy-
„ aume : vos Matelots y périſſent de miſére :
„ les richeſſes d'une partie de vos Commerçans
„ ſont entre mes mains : je ne parle point de
„ l'inſulte qui a été faite à votre pavillon ; mi-
„ ſere qu'il faut oublier. Partons exactement
„ d'où nous ſommes, & recommençons à né-
„ gocier : à cette condition , *S. M. qui con-*
„ *tinue de ſouhaiter la conſervation de la tran-*
„ *quilité publique , ſe prêtera volontiers à un*
„ *accommodement equitable & ſolide.*

O Anglois, qui vous mêlez de juger vos Souverains, portez, vous-mêmes, un jugement équitable ſur les diſpoſitions qu'annonce une pareille propoſition. Quelle eſt la Puiſſance étrangere, qui voulant ſervir de médiatrice entre les deux Couronnes, conſeilleroit à la France de l'accepter? Eh! ſur quoi pourroit rouler cette négociation à laquelle le miniſtère de Londres conſent de ſe prêter? Négocieroit-on pour décider ſi les Eſcadres Angloiſes ont eu le droit d'attaquer & de prendre dans l'Océan & dans la Méditerannée les Vaiſſeaux François armés ou non armés? Peut-on imaginer, qu'une vérité appuyée ſur les premiéres maximes du droit des gens, puiſſe devenir une queſtion dont S. M. T. C. conſente de confier l'examen & la déciſion à des Commiſſaires? Que ceux-ci reglent les li-

mi-

mites des Colonies de l'une & de l'autre Nation;
qu'ils discutent les droits de chaque Couronne:
toute prétention suppose des titres à examiner &
des faits à vérifier. Mais que les Vaisseaux dont
les Anglois se sont emparés appartiennent à la
France: qu'ils aient été pris en tems de paix,
sans déclaration de guerre, au mépris des négociations qui duroient encore, je le demande,
sont-ce là des faits à constater? Est-ce là un
problème à résoudre? Non, ou je connois peu
la France, ou sur une question de cette nature
son Souverain ne reconnoît de juge, que l'é-
quité du Roi d'Angleterre, ou le glaive, que
les Princes tiennent de Dieu pour défendre
leurs Etats, & pour vanger les injustices faites à
leur gloire.

Mais, sans nous arrêter d'avantage sur les
propositions du Monarque Anglois, partons de
ses intentions. Si la France veut par provision
lui laisser son bien, il se *prêtera volontiers à un
accommodement*. Il y a donc une contestation
antérieure aux hostilités. Quel a pû être le motif de celles-ci? Est-ce la contestation même?
Il subsisteroit quand même la France consenti-
roit, que l'Angleterre gardât ses Vaisseaux; &
s'il suffisoit, pour rendre la guerre indispensable, que deux Nations aient entre elles des démêlés; elle devroit être déclarée il y a plusieurs
années. Le Roi d'Angleterre ne peut donc justifier son refus, qu'en indiquant des hostilités,
par lesquelles les François auroient les premiers
interrompu les négociations. Voilà le point
dé-

décisif, que le Ministère Anglois devroit s'attacher à prouver. Pourquoi, sur cet objet important, s'en tenir perpétuellement à une allégation vague? Le seul fait, que l'Angleterre devroit avoir prouvé à toutes les Nations, est le seul sur lequel elle garde le silence le plus obstiné : S. M. Britannique *n'a rien fait*, nous dit-on, *que ce que les hostilités commencées par la France, en tems de pleine paix (dont on a les preuves les plus authentiques) & ce que S. M. doit à son honneur, à la défense des droits & possessions de sa Couronne, & à la sûreté de ses Royaumes, ont rendu juste & indispensable.*

En est-ce assez, pour satisfaire les Etats qui peuvent un jour prendre part à cette querelle? Princes nés pour le bonheur des peuples! Souverains qui n'avez vû qu'à regret s'allumer à l'un à l'un des bouts de l'Europe, ce feu qui s'est repandu pour la ravager toute entiere! vous enfin, que le Monarque François a rendu, pour ainsi dire, juges de sa cause, en vous instruisant de ses dernieres démarches pour la paix, n'avez-vous rien de plus à désirer, pour l'honneur de l'Angleterre & pour la justification de ses procédés? Cette courte parenthèse est-elle toute l'apologie que vous avez droit d'exiger? a-t-elle porté dans vos esprits la lumiere & la conviction? Vous ne demandez point quelles hostilités la France reproche à l'Angleterre; mais celle-ci ne daignera-t-elle jamais vous instruire des violences & des injustices de ses voisins? Est-ce mépris pour le jugement de l'univers?

Est-

Eſt-ce impuiſſance de ſe juſtifier à ſes yeux?

Ces preuves authentiques des hoſtilités commiſes par la France, ne méritions-nous pas au moins, que le Miniſtere Anglois voulût bien nous les communiquer? Faudra-t-il encore, que la Hollande combatte les yeux fermés? Et ces fiers Alliés de la Republique ſe contenteront-ils toujours de lui dire, Voilà votre ennemi?

Loin de deviner quelles ſont ces preuves authentiques, que l'Angleterre cache avec tant de ſoin, je ne puis même conjecturer quel eſt le genre d'hoſtilité dont elle fait des plaintes ſi générales. Dans l'ancien Continent, le Roi de France a toujours paru fidéle à ſes engagemens : le Patriote Anglois dont j'ai communiqué l'ouvrage, ne fait point difficulté de l'avouer. N'eſt-ce qu'en Amérique, que les François ont inſulté aux Traités? Mais, dans ce pays enfin, quel enchantement rend inviſibles les démarches guerrieres de ce peuple entreprenant? Quoi! je n'en vois aucune trace, même dans les Gazettes Angloiſes! Je conſulte celles qui peuvent m'inſtruire des faits qui ont précédé la rupture. Le Nouvelliſte ſe tait, comme le Miniſtre. Je vois en 1754. les Anglois paſſer les Apalaches, & trouver les François établis ſur l'Oyo. Ceuxci les ſomment de ſe retirer. Eſt-ce-là ce que l'Angleterre entend par des hoſtilités commiſes en pleine paix?

Dévoilons enfin le motif de ce ſilence inconcevable. Les Anglois ont réſolu la guerre. A défaut de moyens, on a imaginé des prétextes :

le

le refus que les François ont fait, d'abandonner un pays dont ils font en poffeffion, n'étoit d'abord, aux yeux de la Cour de Londres, qu'un abus des termes du Traité d'Utrecht, ou, fi l'on veut encore, une injuftice ; en un mot, c'étoit le fujet d'un différend. Ce même refus eft devenu un acte d'hoftilité, dès que l'Angleterre a cru que fes mefures étoient affez bien prifes, pour ruiner le commerce de la France.

Cependant, lorfque les négociations ont commencé, les François étoient poffeffeurs des pays, qu'ils occupent encore ; & l'objet du travail des Commiffaires, étoit de favoir, s'ils devoient le céder à l'Angleterre. Ainfi jufques à la conclufion de ce travail, les chofes devoient refter au même état. Donc les François n'ont ni commis aucune hoftillité, ni formé aucune entreprife, en le maintenant dans leur poffeffion, jufqu'au reglement qui devoit être le terme des négociations.

Les Anglois fe font préfentés à main armée. On leur a dit, Attendez. Mais, ont-ils répondu, ne fommes-nous pas propriétaires du terrain, fur lequel nous conduifons nos armées? Nous foutenons qu'il n'en eft rien, ont dit les François: mais en tout cas, c'eft ce qui fera décidé par les Commiffaires des deux Couronnes. En attendant nous fommes poffeffeurs, & vous ne devez rien innover.

Eh quoi, vous autres François, n'avez-vous pas élevé des forts? Oui, fans doute ; mais c'eft dans le pays que nous poffédions: nous n'avons

pas

pas été pour cela obligés de livrer des batailles, nous n'avons pas transporté notre canon au-delà des limites, qui, du moins par provision, étoient regardées comme la séparation des Colonies. Qui pourra jamais dire, que bâtir sur un terrain que l'on posséde, soit un acte d'hostilité ?

Cependant, tel est l'unique prétexte de ce que l'Angleterre appelle aujourd'hui des *représailles*. Ce mot n'est point prononcé dans la réponse de Sa Majesté Britannique. Mais c'est le seul nom honorable, que les Anglois puissent donner à leurs procédés. Si les prises qu'ils ont faites sur la France ne sont pas des *représailles*, ce sont des expéditions de Corsaires.

Examinons donc de bonne foi ce que l'on entend par *représailles*, & voyons si Sa Majesté Britannique n'a fait, que ce qu'elle devoit *à son honneur & à la defense des droits & possessions de sa Couronne.*

N'est-ce pas à établir l'affirmative de cette proposition, que tous les efforts des Ecrivains politiques de Londres devroient aujourd'hui se borner ? Plus les apparences sont contre les procédés de la Grande-Bretagne, plus il est important de dessiller les yeux de toutes les nations spectatrices. Pourquoi parler sans cesse de *l'honneur* de la Couronne d'Angleterre, & ne jamais prouver *la justice* de ses demarches, comme s'il en étoit de *l'honneur* & de *la justice* comme de ces Divinités d'Homere, dont l'une protégeoit Troye, & l'autre combattoit pour les Grecs ?   On

On appelle droit de *Repréſailles*, le droit naturel que j'ai de prendre à celui qui m'a pris, pour le forcer à me reſtituer : *apprehenſio rei aliena pro mea aut mihi debita, quam poſſeſſor reddere aut ſolvere negat.* Telle eſt l'exacte définition, que donnent de ce droit, les auteurs qui ont étudié les loix des Nations.

Il ne peut avoir lieu entre particuliers, dans l'état de ſociété civile ; une convention utile à l'humanité les a dépouillés du pouvoir de ſe faire juſtice à eux-mêmes ; elle a établi une autorité commune, à laquelle ils ſont forcés d'avoir recours.

Mais les Souverains & les Etats ont conſervé ce droit néceſſaire. Ils l'exercent les uns contre les autres, toutes les fois que la juſtice qui leur eſt dûe leur eſt refuſée.

Il ſuit de cette définition, qu'il y a pluſieurs différences eſſentielles entre les *repréſailles* & la *guerre*.

1. Dans la guerre, la Nation acquiert véritablement ce qu'elle prend à ſes ennemis ; au lieu que par les repréſailles elle n'entend que ſe procurer un gage. Voilà pourquoi Grotius définit les repréſailles, *pignoratio inter populos diverſos (a)*: un nantiſſement de peuple à peuple.

2. La guerre renferme, & la réparation, & la punition de l'injuſtice. Elle donne le droit de détruire. Les repréſailles ne ſont qu'un moyen pour parvenir à une reſtitution, elles ne donnent que le droit de prendre. Auſſi la

guerre

____

(a) De Jure Bell. & Pacis, lib. 3. cap. 2. §. 4.

guerre se fait toujours par des troupes & des généraux d'armées, ministres de la puissance du
Souverain, & exécuteurs de sa vengeance : les
représailles s'exercent souvent par des armateurs,
auxquels le Prince donne ce que l'on appelle des
lettres de marque: ils sont chargés de reprendre
le bien de la Nation, mais non de vanger ses
querelles.

3. Il suit de-là, que les représailles ne donnent point le droit de faire des prisonniers, à
moins que ce ne soient des hommes qui aient
été enlevés à la Nation qui se plaint.   Dans
tout autre cas, il n'y a qu'une Nation en guerre,
qui puisse priver de la liberté les sujets du Souverain son ennemi, parce qu'elle a le droit de lui
ôter toutes ses ressources.

Voilà les principales différences, qui se trouvent entre les représailles & la guerre.

MEMOIRES
POUR SERVIR'A
L'HISTOIRE
DE NOTRE TEMS,
PAR-RAPPORT A LA GUERRE
ANGLO - GALLICANE.

(14.)
EXAMEN DES MOTIFS LEGITIMES DES REPRESAILLES.

LEs représailles supposent, comme la guerre, une injustice commise, & qu'il s'agit de réparer : elles supposent de plus, que la Nation à qui elle est reprochée, refuse la satisfaction qu'on exige d'elle. Dans l'état de Nature, avant de me jetter sur celui qui m'enleve mon bien, je commence par le lui demander; & s'il me le rend, il m'est défendu de recourir à la violence.

De-là, la nécessité d'une sommation, par laquelle la Nation dont on se plaint, est avertie de réparer elle-même l'injustice qu'elle a commise, & de restituer ce qu'elle a pris: *Locum habet pignoratio, quod jus repressaliarum vocant,* dit Grotius, *ubi jus dene-*

O
ne-

negatur (*a*). Ce même Jurisconsulte dit ail-leurs (*) : *Quoties pro re una, res alia, aut pro debito res debitoris invaditur ; multoque magis, si res eorum qui debitori subditi sunt, occupare quis velit, interpellatio requiritur, quâ constet alio modo fieri nequire, ut nostrum aut nobis debitum consequamur.* Toute représaille est donc injuste, lorsque le Souverain, qui peut ignorer les violences commises par ses sujets, n'a point été interpellé de les faire cesser & de les réparer. Cette espéce de sommation précéde les représailles, comme une déclaration de guerre doit précéder les hostilités.

Les Anglois ont un exemple tout récent de véritables & legitimes représailles. C'est celui que leur donna le Roi de Prusse en 1752. Les Anglois depuis 1745. jusques 1748. avoient attaqué & pris plusieurs Vaisseaux Prussiens, sous prétexte qu'ils portoient à la France, avec qui la Grande Bretagne étoit pour lors en guerre, des planches & des cordages. Les Anglois soutenoient ces Vaisseaux de bonne prise, & l'avoient fait ainsi juger par leur Amirauté. Le Roi de Prusse commença par sommer le Roi d'An-

____

(*a*) Les représailles n'ont lieu que contre ceux qui refusent la justice qui leur est demandée. Grot. ibid.

(*) Toutes les fois que, pour se faire payer d'une dette, on s'empare des biens de son débiteur, & à plus forte raison lorsqu'un Souverain se saisit des effets qui appartiennent aux sujets d'un autre Prince, pour le forcer à restituer ; il faut d'abord une interpellation, qui constate que l'on n'a point d'autre voie de se faire rendre justice.

d'Angleterre, de lui faire rendre, & à ses sujets tous les Vaisseaux & toutes les Marchandises qui leur avoient été prises : il ménaça ensuite de se faire justice à lui-même; & en 1752. il fit arrêter tous les capitaux hypothequés sur la Silésie, & du payement desquels il s'étoit chargé envers l'Angleterre, par les traités de Dresde & de Breslau. Il fit en même-tems publier un mémoire, par lequel il justifia aux yeux de l'univers la régularité de son procédé, & déclara que ces fonds, dont il se saisissoit, serviroient à dédommager ses sujets des pertes que leur avoient causées les Armateurs Anglois. M. le Duc de Neucastle eut beau répliquer à ce mémoire : il fallut entrer dans une négociation, qui compta pour rien les sentences de l'Amirauté d'Angleterre. Telle est la juste idée que nous devons nous former du droit de représailles : tels sont les principes qui déterminent & le droit en lui-même & la maniére de l'exercer. Ils me suffisent, pour démontrer que le mot de représailles n'est, dans la bouche du Ministère Anglois, qu'un vain nom, par lequel il voudroit aujourd'hui colorer l'injustice & l'irrégularité de ses démarches.

En effet, 1. l'Angleterre ne peut reprocher à la France ni prises ni invasion. Les François sont demeurés en possession de ce qu'ils avoient: ils ont bâti des forts sur un terrain, qui n'a jamais été ni occupé, ni fréquenté par les Anglois. La propriété de ce terrain peut faire la matiére d'une contestation; mais la possession

 dans

dans laquelle la France a continué de se maintenir, n'a jamais pû être regardée comme une invasion.

2. Quand même les Anglois auroient eu des
prises à alleguer, des hostilités à indiquer, la
premiére chose qu'ils devoient faire, étoit d'en
porter des plaintes publiques & authentiques au
Roi Très-Chrétien, de le sommer de réparer
l'injustice de ses sujets : en un mot, de lui déclarer qu'ils se feroient justice à eux-mêmes, si
elle leur étoit refusée. Aujourd'hui le Ministé-
re de France ignore encore, quelles sont les
hostilités dont les François d'Amérique sont ac-
cusés. La Cour de Londres est elle-même in-
terpellée de s'expliquer; & les Anglois de bonne
foi répondent pour elle, Peu-à-peu vous ré-
tablissiez votre marine.

3. L'Angleterre, non-seulement a pris les
vaisseaux de la France, & enlevé les marchandises de ses Commerçans, elle a emprisonné ses
Matelots; elle a retenu ses Officiers; & sans
pouvoir les nommer prisonniers de guerre, elle
a osé leur proposer la liberté, à des conditions
que la guerre seule donne le droit de dicter.

4. Ce ne sont point des Armateurs Anglois,
auxquels le Souverain ait donné des Lettres de
marque : ce sont les Chefs d'Escadre de la Nation, ce sont toutes ses troupes de mer, qui depuis plus de huit mois attaquent indifféremment
& les vaisseaux marchands & les navires armés
en guerre.

5. En-

5. Enfin un plan d'invasion générale, médité au milieu des négociations & des projets d'accommodement, a été exécuté en Canada ; & pour sauver la Colonie, il a fallu que les François donnassent des batailles sur leur propre terrain.

Si ce sont là des *représailles*, j'ignore ce que c'est que la guerre : & si les *représailles* même étoient injustes, quel nom donner aux hostilités, dont toute l'Europe est témoin depuis plus de deux ans ?

Je viens d'en dire assez pour mettre en état de juger des droits que le Roi Très-Chrétien s'est acquis par sa modération, contre une Nation, qui, avant de compter avec elle-même, semble provoquer depuis si long-tems les armes de la France.

L'ambition de cette Puissance est le phantôme, dont on s'est toujours servi pour lui faire des ennemis, & ses forces plus réelles que ses projets, ont été souvent exagerées pour lui susciter des envieux. Aujourd'hui le Gouvernement de Londres semble agir directement contre ce plan. D'un côté il fait disparoître le phantôme, en forçant la France à soutenir une guerre dont l'unique objet sera la défense de son Commerce & de ses Colonies. D'un autre côté, il oblige le Monarque François à augmenter ses forces, sans qu'on puisse l'accuser de vouloir détruire l'équilibre.

La conduite qu'il a tenue depuis le commencement de ces troubles, doit rassurer toutes les

Puis-

Puissances étrangères, contre les soupçons qu'on a voulu de tout tems leur inspirer. Quel est le Souverain auquel le Ministere de Londres pourra persuader aujourd'hui, que la France a voulu la guerre, & qu'elle étoit nécessaire à ses vûes ?

Je vois cette Puissance marcher à pas comptés ; mais sa démarche est ferme & assurée. Le Chancelier Bacon, disoit : *Ne vous hâtez pas, c'est le moyen d'aller plus vîte.* L'Angleterre a couru : elle est hors d'haleine. La France ne court point, mais elle avance. Le peuple de Londres se refroidit, la nation Françoise s'échauffe & s'anime. Ce n'est pas une troupe d'aveugles, qui combat pour un pouvoir étranger : ce sont des citoyens, qui vont défendre l'honneur & l'intérêt de leur patrie. En Angleterre les partisans de la Cour attisent le feu : ici le Ministere est en quelque façon obligé de le moderer. Les ressources de la Grande-Bretagne s'épuisent ; les Négocians de Londres refusent leur crédit & cachent leur argent : en France on ne craint plus les impôts ; la nécessité d'une défense légitime ouvre au Souverain les coffres de tous ses sujets. Pendant ce tems-là tout se prépare, tout se mûrit : tout est mesuré par la prudence, compassé sur les regles des procédés, & dicté par les loix de l'honneur.

Le Monarque François a voulu d'abord, que l'Europe fût instruite. L'indignation, qu'excitent les violences de l'Angleterre, est le premier avertissement, dont il a souhaité que cette na-

nation profitât: les piéces de ce fameux procès ont été diftribuées dans toutes les Cours étrangères: les yeux fe font ouverts, on a été étonné; les gens fages, même en Angleterre, ont été furpris d'avoir été emportés fi loin. Les hoftilités n'en ont pas moins continué. Alors le Roi de France a parlé avec clarté & avec nobleffe. Sa voix n'a préfenté ni problêmes à réfoudre, ni énigmes à expliquer; il a dit: Rendez à mes fujets le bien que vous leur avez pris, ou je prends votre filence pour une déclaration de guerre.

Dans cette pofition, n'eft-il pas vifible que c'eft la France elle-même qui a le droit de *repréfailles*? Eft-ce vouloir troubler l'Europe, que de s'en tenir, après tout ce qui s'eft paffé, à de fimples *repréfailles*? J'ignore quelle fera la fuite de tout ceci. Mais dans les premiers coups que porte cette Puiffance, je reconnois encore cet efprit de modération, qui a jufqu'ici dirigé toutes fes démarches. Les vaiffeaux Anglois font arrêtés dans les ports François; mais les Matelots dont ils étoient chargés font traités avec humanité, & qui que ce foit n'eft dépouillé: on n'entend point la voix des malheureux réclamer inutilement la compaffion & les fecours, qui font une dette de la loi naturelle.

Bien-tôt un ordre de Sa Majefté Très-Chrétienne avertit les Anglois de fortir de France. On ne confifque point leurs effets. Ils font venus fur la foi des Traités: le Droit des Gens

les

les protege encore. Ils sont partis sans mur-
murer & sans se plaindre ; & s'ils regardent
dans la suite les François comme leurs ennemis, ce sont du moins des ennemis dignes de leur estime, & peut-être de leur
admiration.

Pendant ce tems-là les troupes s'assemblent
sur les côtes de l'Océan & de la Méditerranée.   Il est vraisemblable que de tout autre côté la France n'aura besoin que de sa
fidélité connue, & de la confiance en celle
de ses voisins.   Oui, elle compte sur la
justice des autres Puissances.   Il n'en est point
dont le véritable intérêt ne soit aujourd'hui ,
de s'opposer au système de l'Angleterre, avec
autant de vigueur, que l'Angleterre s'oppo-
sera bien-tôt elle-même au plan de la Cour
de Hanovre.

Je joins ici les *Observations* que les Ministres
de la Grande-Bretagne ont fait passer dans toutes les Cours de l'Europe, pour justifier le refus
qu'ils ont fait de restituer les vaisseaux que S. M.
T. C. a fait redemander.   La Cour de France
est la seule à laquelle cet Ecrit n'ait point été envoyé, & il pouvoit y avoir de très-bonnes raisons pour cela.   J'en ai reçu une copie d'un de
mes amis qui est à Berlin : en attendant que je
fasse part de mes Notes sur cet ouvrage , que
l'on prenne, lise, & juge.

OBSERVATIONS
SUR LE MEMOIRE
DE LA FRANCE,

Envoyées dans les Cours de l'Europe par le Mini-
stere Britannique, pour justifier la reponse fai-
te à la Requisition de S. M. T. C. du 21. Dé-
cembre 1755.

QUELLES que puissent avoir été, ou quelles que
soient encore les dispositions du Roi Très-
Chrétien au sujet des Différens concernant l'A-
mérique, il est fâcheux que les démarches de la
Cour de Versailles envers la Grande-Bretagne
ayent si peu répondu aux intentions, que le Mémoire (*a*) de Monsieur Rouillée suppose à Sa
Majesté, & aux professions de la bonne foi & de
la confiance entiére, avec laquelle on prétend que
les négociations sur l'affaire de l'Amérique ont été
suivies de sa part.

Si c'est du cours de cette négociation, que
l'on doit tirer *les preuves authentiques, par les-*
quelles le Roi Très-Chrétien est en état de démon-
trer à l'Univers qu'il n'a pas tenu à Sa Majesté,
que les différens en question n'ayent été terminés
par les voyes de la conciliation; il sera bon d'en
toucher ici quelque chose en racourci : les faits
parleront tous en faveur de la modération du Roi
de la Grande-Bretagne.

Au mois de Janvier 1755, l'Ambassadeur de
France revint à Londres, & fit des grandes pro-
O 5 testa-

(*a*) On veut parler de la requisition du 21. Dec. 1755.

testations du défir fincére que la Cour avoit d'a-
juster finalement & promptement toutes les disputes qui subfistoient entre les deux Couronnes
en Amérique; & nonobstant les préparatifs extraordinaires qui se faifoient alors actuellement
dans les Ports de France, fon Ambassadeur propofa, *qu'avant d'examiner le fond* & les circon-
„ stances de la querelle, il fût préalablement en-
„ voyé des ordres pofitifs à nos Gouverneurs re-
„ spectifs, pour leur deffendre déformais toute
„ nouvelle entreprise & voye de fait, leur or-
„ donnant au contraire, que les chofes foient mi-
„ fes fans retardement, par rapport au territoire du
„ côté de la riviere d'Ohio, ou Belle-Riviere, au
„ même état où elles étoient ou devoient être
„ avant la derniere guerre, & que les prétentions
„ refpectives foient à l'amiable déférées à la Com-
„ miffion établie à Paris, afin que les deux Cours
„ puiffent terminer les différens par une prompte
„ conciliation.

L'Angleterre fe déclara d'abord prête à con-
fentir à la ceffation d'hoftilités propofée, & que
tous les points en difpute fuffent difcutés & terminés par *les Miniftres des deux Couronnes*; mais
à condition que toutes les poffeffions en Améri-
pue feroient préalablement retablies fur le pied
du Traité d'Utrecht, confirmé par celui d'Aix-
la-Chapelle.   C'eft pourquoi S. M. propofa
„ que la poffeffion du territoire du côté de la ri-
„ viere d'Ohio ou Belle-Riviere, foit remife
„ dans le même état où elle étoit actuellement
„ au tems de la conclufion du Traité d'Utrecht,

&

„ & selon les stipulations de ce même Traité re-
„ nouvellé, comme il a été, par celui d'Aix-la-
„ Chapelle ; & de plus, que les autres Possessions
„ dans l'Amérique septentrionale soient restituées
„ dans le même état où elles étoient au tems de
„ la conclusion dudit Traité d'Utrecht, & selon
„ les cessions & les stipulations portées par ce
„ Traité ; & on pourra traiter sur les moyens
„ d'instruire les Gouverneurs respectifs, & de leur
„ deffendre désormais toutes nouvelles entrepri-
„ ses & voyes de fait ; & on pourra remettre
„ toutes les prétentions de part & d'autre pour
„ être promptement & finalement discutées &
„ ajustées à l'amiable de Cour à Cour. " C'est-
à-dire que la France repareroit les torts commis
à force ouverte, avant que les Parties entrassent
en traité sur le droit même ; après quoi les possessions de part & d'autre seroient établies sur le
pied de l'accord définitif.

L'Ambassadeur de France remit là-dessus un
projet de replique, qui n'aboutissoit qu'à sa proposition ; mais pour adoucir la chose, il pro-
duisit en même-tems un plein pouvoir de sa
Cour, conçu en des termes fort spécieux & po-
lis. Les effets pourtant y répondirent aussi peu
qu'auparavant, & la France fit remettre bien-
tôt après, un projet de convention préliminaire, où l'on n'avoit fait qu'étendre un peu la proposition précédente ; laquelle combinée avec ce
qui se passoit dans les Ports de France, étoit trop
intelligible pour faire illusion : & l'Angleterre
n'avoit garde de se prêter à une convention qui

auroit

auroit laissé à la France les fruits de ses violences
& de ses usurpations, qui faisoient précisément
ces griefs dont l'Angleterre se plaignoit, & après
l'expiration de laquelle c'auroit été à recommen-
cer pour elle. On remit ensuite à l'Ambassadeur un contre-projet, où l'on offroit les termes les plus modérés, les bornant uniquement
aux points qui étoient de droit indispensable &
essentiel à la sureté des Colonies du Roi. La
France ne daigna pas y faire réponse, & son Ambassadeur ne fut autorisé là-dessus que *d'écouter
sans proposer*. Enfin après une suite de semblables défaites, où *la cessation d'hostilités revenoit
toujours* (*a*): l'Ambassadeur bien loin d'être
instruit d'entrer en négociation sur le contre-
projet susmentionné, eut ordre de demander
comme un préalable, que l'Angleterre se dési-
stât de trois points qui faisoient une grande partie du fonds de la dispute; sçavoir „ 1. le côté
„ méridional de la riviere Saint-Laurent, & les
„ lacs dont les eaux se déchargent dans cette ri-
„ viere. 2. Les vingt lieues de pays demandées
„ le long de la Baye de Fundy, & 3. le territoi-
„ re entre l'Ohio & l'Ouabache.

Les discussions dont cette prétention extraordinaire fut suivie, pendant lesquelles la France
tergiversoit à chaque pas, se terminerent à la
fin à un mémoire remis par l'Ambassadeur, où
étoient discutées les affaires, tant de l'Amérique
septen-

(*a*) Quel tort énorme de la part du Ministère François! Quoi, toujours proposer de cesser des hostilités!
voilà qui est criant! Que l'on me passe cette
seule remarque; elle m'échappe.

[illegible] ... en répondant
[illegible] ... pour avancer le ... An-
[illegible] de l'Artillerie, dans son
[illegible] me du contre-projet Anglois
[illegible] demeuré sans réponse par la
[illegible] de l'Ambassadeur. [illegible]
[illegible] la France recevoit des qu[illegible]
[illegible] té Britannique, n'étoient
[illegible] autres que formielles & pré-
[illegible] reprochée d'avoir poussé
[illegible] comme de risquer les droits
[illegible] Couronnes, & la sûreté de
[illegible]

[illegible] qualifie [illegible]
[illegible] Braddock & l'A[illegible]
[illegible] droit bien aise de pouvoir
[illegible] les hostilités commises
[illegible] que depuis la paix [illegible]
[illegible] la date de ces ordonnances
[illegible] instruire de ce qu'il [illegible]
[illegible] la conjonction qu'il fut [illegible]
[illegible] pour les affaires [illegible]
[illegible]
[illegible] particulier la prise qu[illegible]
[illegible] comme de l'amiral Bostia[illegible]
[illegible] hostilités [illegible]
[illegible] d'en juger trois fois
[illegible]
[illegible]

[illegible]

France sans ombre de droit fit deffenses de commerce aux sujets Anglois, les saisit par force, & les envoya prisonniers en France, envahit les terres de la Province de Virginie, attaqua un fort qui couvroit la frontiére, & érigea à main armée une chaîne de forts dans les terres envahies, pour s'assurer ces usurpations. Si S. M. avoit pû croire alors, que les Gouverneurs de Canada n'eussent agi de la sorte que par ordre de leur Cour, elle auroit été en droit de relever d'abord ces hostilités avec la vigueur que le cas méritoit ; elle se borna à en porter des plaintes à la Cour de France ; mais tellement sans fruit, que cette Cour, peu contente de n'avoir pas daigné y répondre, donna à cette occasion un trait bien singulier de bonne foi ; c'est qu'en dépit de ces plaintes faites par le feu Comte d'Albemarle, ensuite d'un ordre du Roi, & nommément par un mémoire remis au mois de Mars 1752, sur les usurpations en Amérique, la France eut depuis la modestie d'alleguer, que l'Angleterre ne s'étoit jamais plainte de ces procédés, & par conséquent qu'elle n'y avoit rien à redire : enfin poussé à bout par la continuation de ces violences, le Roi se vit obligé de pourvoir au secours & à la defense de ses sujets.

Mais malgré les justes raisons qu'avoit S. M. d'en venir aux extrêmités, elle ajouta encore à une patience de plusieurs années une preuve bien marquée de sa retenue, dans la modicité même de ce secours, qui ne consistoit qu'en deux bataillons de 500. hommes chacun, escortés par

deux

deux frégates, & dans les ordres donnés à l'Officier qui les commandoit, de déloger les envahisseurs *de terres du Roi*. Il n'y a rien dans ces faits d'inconciliable avec l'assurance des dispositions pacifiques du Roi. C'est l'invasion de la part de la France, & toutes les violences dont elle a été accompagnée, qui sont *offensives*, & il ne peut jamais être illégitime de repousser une aggression.

Pour prouver la prétendue insulte au Pavillon du Roi très-Chrétien, la France est obligé d'intervertir l'ordre des choses; elle a affecté de prendre l'effet & la conséquence pour la cause, & allégue comme l'affaire principale ce qui n'en est que la suite & l'accessoire, prenant prétexte du modique secours que le Général Braddock avoit mené en Amérique, comme si l'expédition de ce secours avoit fait le commencement des troubles. La France équipe une flotte d'une force *allarmante*, & le Roi se trouve par conséquent obligé de faire des armemens proportionnés; la France fait partir cette flotte pour l'Amérique après y avoir embarqué trois fois le nombre de troupes que le Général Braddock menoit, dans l'intention d'y appuyer les violences antérieures, & d'y en ajouter de nouvelles. Or la même loi, le même principe de deffense qui autorise à repousser un envahisseur, autorise également de l'empêcher d'attaquer; je veux dire d'accabler l'attaqué par une augmentation si formidable de forces. Il étoit donc fort naturel que le Roi pourvût ultérieurement à la protection de ses sujets,

en

en empêchant l'abord d'un si puissant armement en Amérique, & en tâchant de garantir ses Provinces Amériquaines d'une ruine totale. Au reste il est difficile de comprendre pourquoi un Fort Anglois & des Provinces Angloises en Amérique, seroient moins respectables pour un aggresseur, qu'un Vaisseau de guerre ne le seroit sur les Bancs de Terre-Neuve, pour un Officier autorisé d'un Prince qui se deffend & protege ses sujets.

Le même motif de deffense a forcé le Roi à saisir les vaisseaux, & les Matelots de la Nation Françoise, afin de priver au possible la Cour de France des moyens d'exécuter une descente dont les Ministres dans toutes les Cours ne cessoient de menacer l'Angleterre; menaces d'autant plus significatives pour l'Angleterre, qu'elles avoient été précédées ou accompagnées d'un rappel précipité des Ministres de France de Londres & de Hanovre, de la marche & du cantonnement de troupes nombreuses sur les côtes de Flandres & de la Manche, & du rétablissement publiquement avoué du Port de Dunkerque. Au reste, on ne voit point pourquoi on s'imagineroit en France, que le Roi dût desavouer la conduite de ses Officiers, qui ont agi par ses ordres, ni comment on peut s'étonner que S. M. demande à ses sujets les secours nécessaires pour frustrer les vûes également ambitieuses & violentes de la France.

Comment cette Cour peut elle être surprise des voyes de fait dont elle se plaint? Après que la Cour Britannique eut pendant tout le cours de la négociation, constamment rejetté la proposition faite par la France d'une suspension d'armes, à moins qu'elle ne fût précédée de la restitution des possessions prises à force ouverte sur l'Angleterre: condition à laquelle la Cour de Versailles ne voulut jamais se prêter. C'étoit là *insinuer* très-clairement à cette Cour la conduite que le Roi se proposoit de tenir dans la poursuite de ses justes droits.

MEMOIRES
POUR SERVIR 'A
L'HISTOIRE
DE NOTRE TEMS,
PAR-RAPPORT A LA GUERRE
ANGLO-GALLICANE.

(15.)

EXAMEN DES OBSERVATIONS SUR LE
MEMOIRE DE LA FRANCE.

JE ne connois que deux ouvrages publiés par le Ministère Britannique, &
dans lesquels il ait expliqué les motifs
qui l'ont déterminé à la guerre. L'un est le Mémoire que l'on vient de lire sous le titre d'Observations; l'autre est la Déclaration de guerre publiée
à Londres le 18. de Mai 1756.

Dans le premier les Ministres d'Angleterre
exposent à leur maniere la négociation qui oc-
cupa très-sérieusement la Cour de France, depuis le mois de Janvier 1755. jusques au moment où les hostilités commises en Europe ob-
ligerent le Roi Très-Chrétien de rappeller de
Londres son Ambassadeur. C'est par cette négociation que les auteurs du Mémoire veulent
prouver deux choses, l'une que la France a voulu la guerre, l'autre que la Grande Bretagne n'a
pû se dispenser de la lui faire. Quant à ce qui

P

s'est

s'eft paffé en Amérique, ils n'en parlent que très-fuccintement. Ils alleguent d'une maniere vague & générale une invafion des François fur des terres qui appartenoient à la Grande-Bretagne, & des forts bâtis au-delà des véritables bornes du Canada. Voilà, à quoi fe réduifent les plaintes de la Cour de Londres.

La Déclaration de Guerre, qui eft venüe plu=fieurs mois après le Mémoire, n'ajoûte que deux objets aux reproches qu'il renferme; l'un eft le prétendu rétabliffement du Port de Dunkerque, l'autre la defcente des François dans l'Isle de Minorque.

La France a renfermé fa défenfe dans un Mémoire qu'elle a publié, & qui contient, felon elle, une hiftoire exacte de tout ce qui s'eft paffé foit en Amérique, foit en Europe depuis le traité d'Aix-la-Chapelle. C'eft à cette époque qu'elle ramene la Cour de Londres, parce qu'il n'eft pas à préfumer, que celle-ci ait voulu rompre avec la France pour des griefs antérieurs, auxquels on n'auroit pas feulement penfé, lorfque ce traité a été conclu.

Mais une difference bien remarquable entre les deux expofés, c'eft que la France a cru devoir appuyer le fien fur des pièces authentiques, qu'elle a foumifes à l'examen de toute l'Europe & à la contradiction de fes ennemis : c'eft annoncer bien clairement qu'elle défie la critique de ceux-ci, & qu'elle n'a rien à craindre du jugement de celle-là.

Je

Je ne vois point que l'Angleterre ait jusqu'i-
ci cherché à combattre ce Mémoire par quelque
ouvrage public & avoué du Minière. La Gazete de Londres du 6. Juillet 1756. l'appelle le
fastidieux Mémoire (*a*) ; mais elle avoue en
même-tems qu'il est demeuré sans replique. Ce
mot *fastidieux* signifie, en bon Anglois, que
l'écrit du Minière François ne renferme ni aigreur ni invectives : aussi convient-on dans ce
pays-ci que le *fastidieux Mémoire* étoit fait pour
instruire les différentes Cours de l'Europe, &
nullement pour amuser ou pour insulter la Nation Angloise ; il a rempli sa destination, de
l'aveu même de celle-ci. „ Ces piéces spécieu-
„ ses, continue la même Gazete, ont produit
„ leur effet ; les Etrangers sont, ou du moins af-
„ fectent de paroître persuadés : nos Alliés se
„ refroidissent, & quoiqu'*indoutablement* nous
„ ayons la meilleure cause, les particuliers n'en
„ ont pas les preuves en leur pouvoir, & ceux
„ qui les ont ne les en aident point (*b*).
On avoue, que si le Gazetier n'est pas un
mauvais plaisant, qui veuille donner ici un ridicule au gouvernement Britannique, il est certainement un assez mauvais raisonneur. Car si
les piéces authentiques destinées à prouver que

P 2

les

(*a*) *Tedious Memorial.*
(*b*) These plausible piéces have had their effect,
strangers are, or at leest affect to be persuaded. Our
allies are grown cold : and though unquestionably We
have the Better cause, yet private men have not the
necessary proofs in their power ; and these have do
not help them out.

les François font les aggreſſeurs, reſtent entre les mains des Miniſtres, qui n'ont garde d'en aider les particuliers, comment peut-il être indubitable, au moins pour ceux-ci qui font le gros de la Nation, que la cauſe de l'Angleterre ſoit la meilleure?

Quoi qu'il en ſoit, il eſt certain que les Puiſſances de l'Europe ne peuvent juger que ſur les piéces qu'on leur met ſous les yeux.   Si donc les Miniſtres de Londres ont la diſcrétion de garder dans le plus profond ſecret les piéces auxquelles leur juſtification eſt attachée, ils ne peuvent trouver mauvais que les Anglois même regardent comme avouées & reconnues celles que l'on a lûes à la ſuite du *Précis des faits*.

Reſte donc à examiner, ſi elles ne ſuffiſent pas pour juſtifier le refroidiſſement dont l'Angleterre ſe plaint, & ſi les Etrangers ont eu grand tort de ſe laiſſer perſuader par le *faſtidieux Mémoire*.

Celui que les Anglois ont envoyé dans les Cours étrangéres, & dont je me propoſe aujourd'hui l'examen, rappelle celles de ces piéces qui ont ſervi à la négociation de 1755. Nouvelle raiſon pour les regarder comme autant de piéces de comparaiſon, ſur leſquelles il ſera facile de juger lequel des deux Miniſtères eſt le plus exact dans l'expoſé des faits, ou le plus juſte dans ſes raiſonnemens.   *Les faits*, dit le Mémoire Anglois, *parleront tous en faveur de la modération du Roi de la Grande Bretagne.*   Voyons les preuves frappantes de cette modération.

L'Au-

L'Auteur du Mémoire commence son récit par le retour du Duc de Mirepoix à Londres, au mois de Janvier 1755. „ Cet Ambassadeur, „ dit-il, fit d'abord de grandes protestations du „ désir sincére que sa Cour avoit d'ajuster promp- „ tement & finalement toutes les disputes qui „ subsistoient entre les deux Couronnes.

Je ne crois pas, que l'on veuille faire ici aucune critique de ces protestations. Le langage des deux Cours étoit le même. Nous verrons si l'on en peut dire autant de leur sincérité.

„ Ensuite, continue le Mémoire, nonob- „ stant les préparatifs extraordinaires qui se fai- „ soient alors actuellement dans les ports de „ France, il proposa qu'avant d'examiner le „ fonds de la querelle, il fût préalablement en- „ voyé des ordres aux Gouverneurs respectifs, „ pour leur défendre désormais toute voie de „ fait, & pour leur ordonner au contraire, que „ toutes choses fussent remises sans retardement, „ par rapport au territoire de la riviere d'Oyo ou „ Belle-Riviere, au même état qu'elles étoient „ ou devoient être avant la derniere guerre, & „ que les prétentions respectives fussent ren- „ voyées à la commission.

J'avoue, que *nonobstant les préparatifs qui se faisoient alors dans les Ports de France*, & dont l'Angleterre n'avoit pas lieu de se plaindre, puisque les siens étoient faits; je ne vois pas ce que ces propositions avoient de si déraisonnable. Est-ce vouloir la guerre que de proposer la cessation de toutes hostilités? Accusera-t-on la France de

P 3

cher-

chercher à innover, lorsqu'elle demande que l'on rétablisse par provision les choses dans l'état où elles étoient avant la guerre de 1744? Croira-t-on qu'elle ait voulu se faire justice à elle-même, en proposant de faire juger le fonds de la contestation par les Commissaires des deux Nations?

Les Anglois sont trop laconiques dans leurs imputations. Les personnes indifferentes par-rapport à cette querelle, ne peuvent appercevoir le piége secret que la France tendoit au Ministère Britannique; & le Mémoire de la Cour de Londres auroit bien dû entrer dans quelque détail là-dessus. Il étoit d'autant plus nécessaire, qu'il n'y a personne, qui, à la premiére vûe, né soit persuadé que le plan présenté par M. le Duc de Mirepoix faisoit cesser dès le moment même tous les sujets de plainte de l'Angleterre.

Quel étoit le premier reproche qu'elle faisoit à la France? Elle lui disoit: Vous avez bâti des forts sur la Belle-Riviere: Vous y êtes venus avec des troupes, & tout cela s'est fait presqu'aussi-tôt après le Traité d'Aix-la-Chapelle, qui avoit reglé que les choses seroient remises (*a*) en Amérique au même état où elles étoient avant la guerre. Hé bien! c'est ce Traité même que la Cour de France propose de prendre pour regle. Elle en offre une pleine & entiére exécution. Tout établissement postérieur sera détruit par provi-

sion;

(*a*) Art. 9. du Traité, Toutes choses seront remises sur le pied qu'elles étoient ou devoient être avant la présente guerre.

[...] chaque Nation [...]tim de ce qu'elle posse-
[...] en [...] & cette possession sera respectée
[...] ce que le fonds du droit ait été discuté &
les limites reglées par des Commissaires. J'igno-
[...] en vérité, & je crois que toute l'Europe igno-
[...] quel tort cet arrangement pouvoit faire [...] droits de l'Angleterre.

[...] A cette reflexion décisive sur le plan en lui-
même, [...] en une qui n'est peut-être pas
moins puissante sur l'objet des préparatifs qui se
faisoient alors en Amérique, & des ordres que
M. Braddock avoit reçus dès le mois de Novembre 1754. Il est [...]ellement avéré que le plan
[...] étoit bien dressé, & que dans le
[...] où la négociation commença, tous
les Gouverneurs des Colonies Angloises s'ébran-
[...] Le Ministère Britanni-
que [...] convient pas que son but fût alors d'en-
[...] le royaume le Canada; c'est une question
que [...]rons à sa place; mais il avoue du
[...] voulut que l'on s'emparât à main
[...] le terrain, qu'il prétend avoir été
[...] par la France depuis 1748.

[...] étoit l'intention de l'Angleterre,
[...] pas se croire [...]reuse que la Fran-
[...] & les dépenses & les risques de
[...] Qu'avoit-il besoin que l'on allât
[...] & du canon réclamer l'exécution
[...] la Chapelle, lorsque la France
[...] que cette exécution fût le
[...] toute négociation?

Cette proposition acceptée, les forts bâtis sur l'Oyo, ces mêmes forts que le Général Braddock étoit chargé de détruire, étoient râsés par les François eux-mêmes: n'étoit-il pas naturel que le Ministère Anglois acceptât une proposition qui lui accordoit tout ce qu'il eût obtenu par la voie des armes? Ne devoit-il pas sur le champ suspendre des hostilités qui devenoient inutiles, s'il n'eût eu d'autre plan, que celui de chasser les François d'un pays envahi depuis 1748?

Le refus que fit l'Angleterre d'accéder à cette proposition, suffiroit donc seul pour convaincre ses Ministres d'avoir eu des vûes beaucoup plus injustes & plus étendues: la réponse qu'elle fit à l'Ambassadeur de France va les développer.

„ L'Angleterre, continue le Mémoire, se dé-
„ clara d'abord prête à consentir à la cessation
„ des hostilités proposée, & que tous les points
„ en dispute fussent discutés & terminés par les
„ Ministres des deux Couronnes. „ Pour appré-
„ cier ce prétendu consentement, qu'on lise en
entier la réponse remise à M. le Duc de Mirepoix
le 22. Janvier. Voici l'extrait qu'en donne l'Auteur du Mémoire. „ Sa Majesté proposa, dit-
„ il, que la possession du territoire du côté de
„ la riviere d'Oyo ou Belle riviere fût remise
„ dans le même état où elle étoit actuellement
„ au tems de la conclusion du Traité d'Utrecht,
„ *& selon les stipulations de ce même Traité* re-
„ nouvellé, comme il l'a été, par celui d'Aix-
„ la-Chapelle; & de plus, que les autres posses-
„ sions dans l'Amérique Septentrionale fussent
„ re-

,, reſtituées dans le même état où elles étoient
,, au tems de la concluſion dudit Traité d'Utrecht,
,, & ſelon les ceſſions & ſtipulations portées par
,, ce Traité.

A ces conditions S. M. B. veut bien.... quoi?
que ſi tôt qu'elles ſeront acceptées, on envoye
ſur le champ aux Gouverneurs des ordres de ceſſer toutes hoſtilités? Non, l'Angleterre ne va
pas ſi vite lorſqu'il s'agit de mettre bas les armes. Elle conſent ſimplement que *l'on puiſſe
alors* TRAITER SUR LES MOYENS *d'inſtruire les
Gouverneurs reſpectifs, & de leur défendre déſormais toutes nouvelles entrepriſes & voies de fait.*

Remarquons bien, tout le fin de cette phraſe
embaraſſée? La propoſition de l'Angleterre étoit,
comme je vais le prouver tout à l'heure, la
plus déraiſonnable qu'elle eût pû choiſir. Cependant le Miniſtère Anglois a encore la prudence de craindre qu'elle ne ſoit acceptée par la
France. Dans un cas ſi facheux, que devenoient les ordres donnés à M. Braddock & à tous
les Gouverneurs des Colonies? Que devenoit ce
plan de campagne dont la Cour de Londres étoit
ſi contente, & dont la France ne devoit être in-
ſtruite qu'après ſon execution? Il eût fallu ſur
le champ tout révoquer, où être convaincu de
mauvaiſe foi. On ſe ménage donc habilement
un moyen de traîner la négociation en longueur.
M. le Duc de Mirepoix acceptera-t-il le parti
propoſé? d'abord paroiſſent ſur le tapis tous les
embaras de l'interprétation du Traité d'Utrecht.
La France cédera-t-elle par proviſion tout ce que

P ſ

de-

demandera l'Angleterre ? Alors celle-ci a pour derniere reſſource de *traiter ſur les moyens d'inſtruire les Gouverneurs reſpectifs*, & cette négociation nouvelle, ſujette à toutes les difficultés, qu'il auroit plû aux Anglois d'y faire naître, eût laiſſé à leurs troupes d'Amérique tout le tems néceſſaire pour exécuter le plan de M. le Duc de Cumberland.

Mais, en vérité, le Miniſtère Britannique montra dans cette occaſion trop de défiance. De bonne foi pouvoit-il appréhender que la France adoptât l'étrange préliminaire qu'il propoſoit ? 1. Avant de l'accepter il falloit l'entendre. 2. Ce qu'il avoit d'intelligible étoit auſſi injuſte qu'impoſſible.

Ceux-mêmes, qui voyent tous les jours des Anglois & qui ſont plus verſé que moi dans les myſtéres de leur politique, auront de la peine à rencontrer quelqu'un qui puiſſe expliquer les diſpoſitions du Traité d'Utrecht, qui concernent le territoire arroſé par la Belle-Riviere ? Y eut-il alors entre la France & l'Angleterre quelqu'article ſecret, dont les Nouvelliſtes ayent parfaitément ignoré les conventions ?

En attendant que les Anglois produiſent cet article inconnu à toute l'Europe, convenons que M. le Duc de Mirepoix, qui n'en avoit pas plus d'idée que moi, dut être bien ſurpris de voir que le Traité d'Utrecht, conclu dans un tems où les Anglois ignoroient peut-être juſqu'au nom de la Belle-Riviere, devoit décider à laquelle des deux Nations ſes bords devoient appartenir.

[...] J'ai donc ai raison de dire [...] mandoit des Ministres Anglois dût être [...]ble leur Ambassadeur [...] ajoûté que ce qu'elle contenoit de clair, [...] injuste & impossible. Et en effet, que [...] dire les Ministres d'Angleterre lors-[...] mandoient *qu'avant de traiter sur la* [...] *d'instruire les Gouverneurs respectifs, &* [...] *défendre les voies de fait*, on commençât [...] les choses dans le même état où elles [...] la conclusion du Traité d'Utrecht, & [...] *stipulations qui y sont portées?* [...] France étoit bien que ce Traité [...] ne pouvoit [dé]limiter les possessions de [...] de l'autre Nation; mais quel étoit l'é-[...] Quelles étoient au juste les [...] cessions qu'il renferme? C'est [...] deux Couronnes n'étoient point d'ac-[...] différend qui les avoit engagées [...] Commissaires [...] commission étoit chargée d'exami-[...] quelles étoient les cessions por-[...] appartenoient à l'Angleterre pouvoit [...] mêmes cessions, sur l'étendue [...] [territoire] fissent la base de l'U-[...] provisoire, nécessaire à la tran-[...] Etats? Si l'une & l'autre Nation [...] sur le sens du Traité, la Com-[...] & si l'on avoit cru la Goth-[...] pour approcher les Peuples de [...] ne pouvoit-on demander qu'à la [...]

fuſſent convenues du véritable ſens que les Commiſſaires étoient occupés à chercher? N'eſt-il
pas viſible, que l'Angleterre vouloit, non pacifi-
fier les choſes en attendant le jugement; mais ſe
procurer elle-même par la voie des armes ce qu'elle déſeſperoit d'obtenir de la bonté de ſa cauſe.

Portons, ſur les Etats le même jugement que
nous croirions pouvoir prononcer ſur la conduite des particuliers. Suppoſons pour un moment, que deux particuliers ont un procès,
dans lequel il s'agit de fixer les bornes de leurs
héritages. Il a d'abord été reglé par proviſion,
que les Parties reſteroient tranquilles chacune
dans la poſſeſſion où elles étoient au commencement de la conteſtation. Pendant que les Juges
examinent les titres, l'un des contendans ſe jette ſur les fonds de ſon voiſin, & les pille. Celui-ci ſe défend avec ſes gens. Il eſt queſtion
d'arrêter entre eux les voies de fait. Reſtez comme vous étiez, leur dit-on. Je le veux bien dit
le poſſeſſeur qui a été attaqué, & je conſens de
ceſſer toutes violences. Je les ceſſerai auſſi, reprend l'agreſſeur; mais à condition que je me
mettrai dès-à-préſent en poſſeſſion de tout ce que
je compte obtenir de mes Juges. Je demande, à qui l'on doit dans ce cas-là imputer
la violence & le mauvais procédé?

Voyons ſi cette comparaiſon peut s'appliquer
à l'Angleterre. En 1748. l'art. 9. du Traité
d'Aix-la-Chapelle veut que les choſes ſoient remiſes au même état où elles étoient avant la guerre. Voilà donc la jouiſſance proviſoire de l'une

&

& de l'autre Nation parfaitement reglée. En 1749. il s'éléve des différends sur les limites: on nomme des Commissaires pour les fixer. Pendant qu'ils discutent les droits des deux Etats, il nait des querelles; il se commet des voies de fait. Ne demandons pas même ici quel en a été l'auteur. Ce qu'il y a de certain, c'est qu'il est également important pour l'un & l'autre peuple de les faire cesser. La France dit: Interdisons-nous réciproquement toutes sortes d'hostilités, & en attendant le jugement, prenons l'art. 9. du Traité d'Aix-la-Chapelle pour regle de notre possession. Non, répond l'Angleterre, je ne quitterai les armes que lorsque l'on m'aura accordé tout ce que je puis attendre de la décision des Commissaires, auxquels j'ai consenti de m'en rapporter. Voilà le langage de la Cour de Londres.

Mais cette réponse, dont le Mémoire que nous examinons, supprime prudemment une partie, n'est-elle qu'injuste? Je n'ose lui donner ici un autre nom. D'autres seront plus hardis: je me contente de faire observer des faits que l'Europe n'oubliera point, & qui ont fait perdre à la Grande Bretagne la confiance de toutes les Nations.

Le Général Braddock étoit parti au mois de Novembre 1754. avec des ordres positifs d'attaquer les François; le plan de la campagne avoit été dressé par le Roi d'Angleterre & par ses Ministres; les mesures étoient si bien prises, que quatre armées à la fois devoient fondre par terre sur la Colonie Françoise, avant qu'elle eût le

tems

tems de se reconnoître, tandis que les Vaisseaux de la Grande-Bretagne auroient assiégé l'embouchure des rivieres.   Le secret le plus profond devoit couvrir cette entreprise, aujourd'hui doublement honteuse, & par l'iniquité du projet, & par le mauvais succès de l'exécution.   Ainsi, lorsque le 22. Janvier 1755. les Ministres Anglois remettoient à M. le Duc de Mirepoix cette étrange réponse, ils avoient tout lieu de croire leurs troupes débarquées en Amérique.   Si M. Braddock n'y arriva que vers le milieu de Février, on voit par ses Lettres que ce retard ne peut être attribué qu'aux mauvais tems qu'il eut à essuyer.

L'Angleterre avoit donc lieu de regarder le Canada comme perdu pour la France.   Un plan si utile à la Grande-Bretagne devoit s'exécuter, quelques propositions que fît M. de Mirepoix : mais pour son exécution même il étoit nécessaire de traîner la négociation en longueur, & d'endormir, s'il étoit possible, le Ministère de France, qui compte pour quelque chose la bonne foi & la sincérité.   Ainsi il falloit deux choses ; négocier, afin que la France ne se défiât de rien ; ne point conclure, afin que les troupes d'Amérique eussent le tems d'achever leurs dispositions.

Ce système a été exactement suivi : après avoir vanté leur cordialité & leur franchise, après avoir témoigné en termes pathétiques le plus vif empressement pour la paix, les Ministres de Londres ne proposoient que des partis trop injustes pour être acceptés, & qui, quand même ils l'eus-

riez susceptible de difficultés dans
l'exécution, pour fournir aux troupes d'Amérique tout
tems dont elles avoient besoin.

On savoit bien que la France n'accorderoit point
aux Anglois les conditions auxquelles il leur plaisoit de
mettre la cessation des hostilités. Mais eut-on même fou-
lé ces propositions étranges, que de difficultés dans
l'exécution de ces conditions, qui selon les intentions de
la cour britannique devoient précéder toute négociation sur les moyens de rétablir le bon ordre? Avant de
venir à cet objet, qui selon tous les gens sensés étoit
le plus pressé, il falloit, suivant la Cour de Londres, rétablir toutes les possessions en Amérique sur le pied des
stipulations portées au Traité d'Utrecht. Mais ces stipulations, sur le sens desquelles les Commissaires des
Nations n'étoient point encore d'accord entre eux,
n'auroient pas présenté moins de difficultés à ceux que
l'on auroit nommés pour l'exécution de la convention
projettée, & l'on étoit bien sûr en Angleterre, que ces
difficultés dureroient jusques à la prise des forts, dont on
faisoit mention dans les Instructions de M. Braddock.
Car n'étoit-il point certain que les Anglois enveloppant de
toutes parts le Canada, maîtres de pénétrer jusqu'à Quebec
sans éprouver la moindre résistance, eussent trouvé dix
moyens de rompre la négociation & de continuer la
guerre. N'étoit-il pas même évident que la France rom-
proit elle-même, dès que l'invasion des Colonies Françoises auroit annoncé à tout l'univers les véritables desseins de l'Angleterre?

Et n'étoit-il point à craindre qu'ils ne fussent tra-
hi d'injustice même des propositions destinées à les
réunir? L'Ambassadeur François, dont on connoît
le zèle, ne pouvoit-il deviner, ne pouvoit-il au
soupçonner quelques-unes des vûes de ces habi-
tateurs? Cette crainte étoit fondée, & faut
vint dans l'esprit des Ministres de Londres.
On n'eut été trompé comme M. le Duc de Mir-
Quel bonheur n'eut instruit de confiance que hier
n'eut pas regardé les soup-
çons.

çons comme injurieux à S.M.B. après l'expédient inoui que ses Miniſtres imaginerent pour tranquiliſer la Cour de France ? O vous qui, attachés aux intérêts de ce Monarque, devez être encore plus jaloux de ſa gloire, effacez, s'il ſe peut, cette tâche funeſte dont on a oſé la ſouiller : O Anglois qui déteſtez le menſonge, c'eſt au nom de votre Roi, au nom de ce Prince qui ſigna au mois de Novembre 1754. les ordres donnés au Général Braddock, qui a reglé dans ſon conſeil le plan de la campagne la plus formidable dont les Colonies Françoiſes aient jamais été ménacées, qui connoît les Forts que l'on doit prendre, les routes que les armées doivent tenir, le concert qui doit s'obſerver entre elles; c'eſt au nom de ce Monarque, que le 22. Janvier 1755, on proteſte à la face de l'Europe, que la deffenſe *de ſes droits & poſſeſſions & la protection de ſes ſujets ont été les ſeuls motifs de l'armement qui a été envoyé dans l'Amérique Septentrionale, lequel s'eſt fait SANS INTÉNTION D'OFFENSER QUELQUE PUISSANCE QUE CE PUISSE ETRE, OU DE RIEN FAIRE QUI PUISSE DONNER ATTEINTE A LA PAIX GENERALE.*

Eſt-ce donc ainſi que l'on ſe joue de la parole des Rois ? de cette parole ſacrée, qui comme celle de Dieu même, doit toûjours réunir & le pouvoir & la vérité? S. M. Britannique a-t-elle connu la déclaration que l'on faiſoit en ſon nom ? Le reſpect me ferme la bouche. Je ne ſçais que plaindre les Souverains. Leur premier accuſateur eſt dans le fonds de leur cœur, & Dieu ſeul a le droit de les juger. Mais ſi les Miniſtres de ce Prince, abuſant de ſa confiance ont oſé à ſon inſçu couvrir de ſon nom auguſte le menſonge & l'artifice, Anglois, ne cherchez point ailleurs les autéurs des maux dont vous vous plaignez. Ils ſont aſſis aux pieds du Thrône ces hommes hardis, qui ont dévoué votre malheureuſe Patrie à l'indignation de l'Univers, & peut-être même à la vengeance céleſte.

www.ingramcontent.com/pod-product-compliance
Lightning Source LLC
LaVergne TN
LVHW050418060726
842524LV00002B/616